Español

santillana

FÓRMULA

CURSO GENERAL DE ESPAÑOL

Libro del Estudiante 2

FÓRMULA 2, Libro del Estudiante, es una obra colectiva concebida, diseñada y creada por el Departamento de Investigaciones Educativas de la Editorial Santillana, S. A. En la realización de dicha obra, han intervenido, bajo la dirección de

Antonio Ramos Pérez

Redacción:

Rosana Acquaroni Muñoz
Elena Ezquerra Revilla
Santiago Javier Martín Vara
Celia Ruiz Ibáñez

Javier Gómez Lahoz *(Coordinador)*

Ilustración:

Federico del Barrio
María Luisa Esteban y Manuel Arjona
Eduardo Feito
Joaquín López Cruces

Coordinación editorial:

Pilar Peña Pérez

Dirección editorial:

CASTO FERNÁNDEZ DOMÍNGUEZ

La realización gráfica y editorial ha sido efectuada en el equipo de Ediciones Santillana por los siguientes especialistas, bajo la dirección técnica de Francisco Romero Ruiz. *Diseño:* Jesús Pérez Merchán. *Confección y montaje:* Manuel Baña González, Jesús Pérez Merchán y Julio del Prado Martínez. *Corrección:* Gerardo Zoilo García. *Coordinación técnica:* Jesús de Andrés Gabaldón. *Coordinación artística:* Pedro García Bermejo.

FOTOGRAFÍAS: A.G.E. Fotostock; Aisa; Algar; Contifoto; Cover; Agencia EFE; Firo Foto; Iberoamericana Distribuidora; Index; Lauren-Films; Ontañón; C. Sánchez; Vendrell; A. Viñas y Archivo Santillana.

Personaje *Obélix:* (c) 1990 Les Editions Albert René / Goscinny - Uderzo.

INTRODUCCIÓN

FÓRMULA es un **curso general de español** para adolescentes y adultos, cuyo objetivo principal es capacitar al estudiante para comunicarse de una manera efectiva con hispanohablantes.

La metodología se basa en las aportaciones del enfoque comunicativo a la enseñanza de las lenguas extranjeras, sin olvidar todos aquellos aspectos de validez contrastada de planteamientos anteriores.

El curso, dividido en tres niveles, consta para cada uno de un Libro del Estudiante, un Cuaderno de Actividades, dos Casetes y un Libro del Profesor.

Cada nivel se estructura en cortas unidades didácticas de dos páginas, cuyas principales ventajas son la agilidad, la variedad de presentaciones y temas y la dosificación de los contenidos.

FÓRMULA, en los niveles 1 y 2, presenta tanto una lengua formal como coloquial enmarcada en situaciones reales que discurren en España y que cubren las facetas más generales de la vida cotidiana, profesional y académica.

Cada unidad del **Libro del Estudiante** comprende los siguientes elementos:

- *Diálogos de presentación* grabados, en los que se ofrecen muestras naturales y en contexto de los objetivos lingüísticos.

- *Propuestas de actividades* para una puesta en práctica inmediata del material lingüístico presentado.

- *«Use lo que sabe»*, sección fija dedicada a la integración de conocimientos nuevos y previos, para un reciclaje continuo de las adquisiciones.

- *«Algo más»*, sección fija y con carácter optativo, presenta aspectos culturales, coloquiales y humorísticos de la lengua en relación con el tema de la unidad.

- *«Resumiendo»*, apartado que cierra la unidad con una síntesis de las funciones lingüísticas tratadas.

Todas las unidades llevan, además, un *«Itinerario»* que indica la articulación recomendable de Libro y Cuaderno de Actividades.

Las unidades se agrupan temáticamente de cuatro en cuatro. Un repaso llamado *«¿Cómo va todo?»* cierra cada bloque. Éste ofrece:

- *Actividades lingüísticas* (sección de *«Ponga a prueba...»*) que implica, además de una puesta a punto, un uso creativo de la lengua.

- Una *ampliación cultural* (sección llamada *«Conociendo España»*) que termina de cerrar el vínculo, indisociable en la realidad, entre lengua y sociedad.

Al final del Libro se incluye el *Glosario* de los términos aparecidos, la *Transcripción de las casetes* y un *Resumen gramatical* de los puntos tratados.

El **Cuaderno de Actividades** se destina a la creación y fijación de hábitos y automatismos lingüísticos, fundamentales en la adquisición de un idioma.

Su estructura es paralela a la del Libro, con dos páginas por unidad. En los repasos (*«¿Cómo va todo?»*) se encontrarán unos *esquemas gramaticales* (*«La mecánica del español»*), útiles tanto para repasar como para consultas puntuales.

Las **Casetes** cumplen un doble objetivo: desarrollar la comprensión auditiva del estudiante y facilitar pautas de pronunciación y entonación.

ÍNDICE

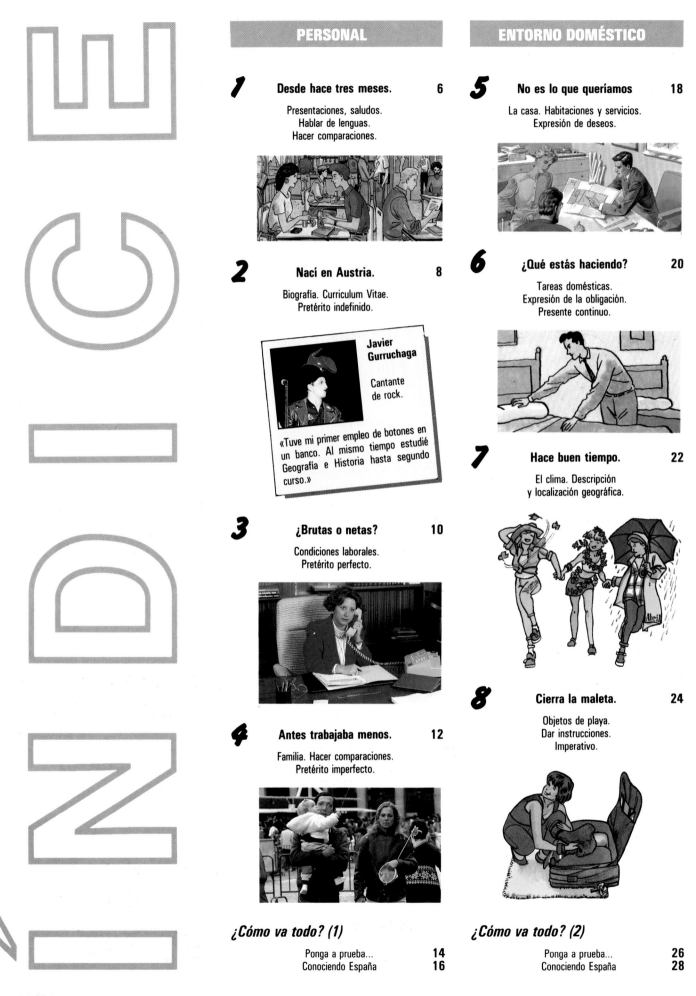

Desde hace tres meses

1 ¡Lo hablas muy bien!

• ELENA   ■ STEVE

- Oye, Steve, y tú, ¿desde cuándo estudias español?
- ¿Yo? Desde hace tres meses.
- ¿Sólo? Pues, ¡lo hablas muy bien!
- Es que me gusta y, además, se me da bien... bueno, menos los verbos. Y tú, ¿desde cuándo estudias inglés?
- Desde enero del 87... desde hace... dos años y medio.
- Y ¿por qué lo estudias?
- Porque quiero trabajar en las Comunidades Europeas y necesito saber inglés y francés.
- Me imagino que para ti, el francés es más fácil que el inglés, ¿no?
- Sí, pero la pronunciación es tan difícil como la del inglés o más. Y tú, ¿por qué estudias español?
- Para vivir aquí, en España. Quiero trabajar en una Agencia de Turismo.
- ¡Ah, qué bien! Pues yo he solicitado...

2 Conozca a sus compañeros/as.

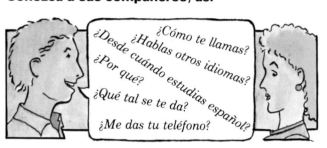

> ¿Cómo te llamas?
> ¿Hablas otros idiomas?
> ¿Desde cuándo estudias español?
> ¿Por qué?
> ¿Qué tal se te da?
> ¿Me das tu teléfono?

- **Utilicen «usted» si lo desean.**

Use lo que sabe

5 ¿Es usted constante?

Pregunte a sus compañeros/as por sus aficiones favoritas y desde cuándo las practican.

> Me dedico a mis adoradas plantas desde hace sesenta y seis años, cuatro meses y un día.

Algo más

6 Hablando de lenguas...

① Sacar la lengua.

② Tener lengua de serpiente.

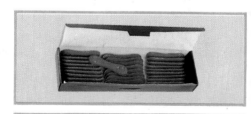

③ Lenguas de gato.

Itinerario									
L.E.	1		2			3	4	5	6
C.A.	1	2	3	4	5	6	7	8	

3 ¿Qué lengua(s) estudian, deben estudiar o han estudiado? ¿Por qué?

4 Un pequeño estudio lingüístico.

Determine en colaboración con sus compañeros/as:

- Cuál es la lengua más...
  - útil – interesante – difícil

- Qué es más fácil / difícil / importante:
  - saber la gramática – pronunciar bien – hacer ejercicios – hablar con confianza – escuchar a nativos – leer literatura – escribir mucho...

La institutriz Miss Trestos salió dando tres traspiés del tranvía treinta y dos por subir al treinta y tres.

④ **Un trabalenguas.**

Trabalenguas: Palabras difíciles de pronunciar en su conjunto y que se dicen por pasatiempo.

- Perejil comí, perejil cené; y de tanto comer perejil, me emperejilé.
- El perro de San Roque no tiene rabo porque Ramón Ramírez se lo ha cortado.

Resumiendo

Para hablar del comienzo de una actividad que persiste

–¿**Desde cuándo** estudias español?
–**Desde hace** dos años./**Desde** enero.

Para hablar de facilidad/dificultad natural para realizar una actividad

–¿Qué tal se te da ...?
–A mí se me da | bien... regular... mal...

Para comparar cualidades

El español es **más** fácil **que** el japonés.
El español es **tan** antiguo **como** el francés.

Para hablar de causas

–¿Por qué ... ? –Para ... *(finalidad)*
–Porque ...

Tenerife

GRAN CANARIA

LANZAROTE

Nací en Austria

1 ¿Dónde estudió usted? 🔲🔲

● Director ■ Sonia Heine

● Siéntese, por favor, señorita... Heine.
■ Gracias...
● Vamos a ver... usted es austriaca...
■ Sí. Nací en Austria, pero tengo la nacionalidad española desde que me casé... mi marido es de aquí, de Las Palmas.
● Y dígame, ¿dónde estudió usted?

■ Bueno, hice los estudios primarios en Innsbruck y después terminé el bachillerato en Madrid. Allí estudié Secretariado Internacional.
● Ya... Según su currículum usted habla perfectamente inglés y francés, además de español y alemán...
■ Sí, es que mi madre es francesa. El inglés lo aprendí en el colegio, desde muy pequeña.
● ... Y ¿tiene experiencia en hostelería?
■ Sí... bueno, no. Hace unos diez años trabajé como relaciones públicas en una agencia de viajes aquí, en Las Palmas.
● Muy bien... ¿cuánto tiempo estuvo usted allí?
■ Tres años... y dos meses.

Use lo que sabe

6 **El primer empleo.**

Escriban en un papel un par de líneas sobre su primer empleo. (No escriban su nombre.) Reúnan los papeles y léanlos en voz alta. Intenten averiguar quién ha escrito cada papel.

Javier Gurruchaga

Cantante de rock.

«Tuve mi primer empleo de botones en un banco. Al mismo tiempo estudié Geografía e Historia hasta segundo curso.»

Carlos Solchaga

Ministro de Economía y Hacienda.

«Fui vendedor a domicilio.»

(De la revista *Cambio 16*, 16/5/88.)

Algo más

7 **Cómo superar una entrevista.**

Aseo: Bien aseado/a. Limpio/a. Bien vestido/a, pero no demasiado elegante.

Seguridad: Salude amablemente, mire a su entrevistador a los ojos, sea natural y discreto/a, pregunte sobre posibilidades profesionales pero no exija.

Lenguaje: Use un lenguaje amplio, rico, pero no exagere. No sea pedante.

«Los tests y entrevistas de trabajo son un mito. Las empresas escogen a quienes mienten mejor.» Cecilio Benito Alas. (Seleccionador de personal.)

(Adaptado de *Cambio 16*, 16/5/88.)

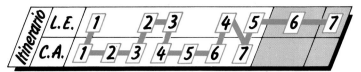

2 Empresarios/as.

Usted y sus compañeros/as son empresarios. Preparen en grupo los anuncios necesarios para cubrir los siguientes puestos de trabajo.

Cocinero/a.

Azafata.

Camionero/a.

Torero/a.

3 Candidatos para un empleo.

Elija el anuncio que más le interesa y escriba su currículum vitae para contestar.

4 Una entrevista de trabajo.

Candidatos/as: acudan a las entrevistas para conseguir el empleo.
Empresarios/as: seleccionen a la persona más adecuada para cada uno de los puestos.

5 ¿Quién es?

Formen dos equipos en clase. El equipo **A** elige un personaje muy conocido del pasado.
El equipo **B** hace preguntas de «sí/no» acerca de la identidad del personaje hasta adivinarla. Después, al contrario.

HOTEL de 4 estrellas
en Las Palmas de Gran Canaria

PRECISA

SECRETARIA DE DIRECCIÓN

Se requiere:

- Amplios conocimientos de INGLÉS, FRANCÉS y ALEMÁN.
- Experiencia en hostelería.
- Mecanografía.
- Se valorará positivamente la experiencia comercial y de recepción.

Se ofrece:

- Remuneración neta anual 2.100.000 ptas.

Interesadas enviar C.V. con foto reciente al Apartado 2260.
Las Palmas de Gran Canaria.

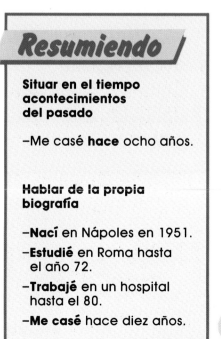

Resumiendo

Situar en el tiempo acontecimientos del pasado

—Me casé **hace** ocho años.

Hablar de la propia biografía

—**Nací** en Nápoles en 1951.
—**Estudié** en Roma hasta el año 72.
—**Trabajé** en un hospital hasta el 80.
—**Me casé** hace diez años.

2

¿Brutas o netas?

1 ¡Hay que celebrarlo! ▪▪

● SONIA HEINE   ■ ANDRÉS (su marido)

■ ¡Sonia! ¡Por fin! ¿Cómo te ha ido?

● ¡Ya está!

■ ¿¿Sí?? ¿De verdad?

● Sí, hombre, sí. Me han dado el trabajo.

■ ¡¡Eso es fantástico!! ¡Lo has conseguido! ¡Qué maravilla! Bueno y... cuéntame...

● Pues... no sé, la semana próxima firmo el contrato, he visto mi despacho y el hotel, también he conocido a algunos compañeros... ¡Ah!, me han dicho que tengo que hacer un cursillo de hostelería, y... no sé qué más.

■ ¿Cuánto te pagan?

● Pues, voy a ganar ciento setenta y cinco mil pesetas al mes...

■ ¿Brutas o netas?

● Netas. La jornada laboral es de 8 a 3, de lunes a viernes... tengo un mes de vacaciones y tres pagas extraordinarias...

■ Y ¿qué tienes que hacer?

● Bueno, ya sabes, tengo que llevar la caja, las reservas, la correspondencia...

■ Bueno, ¡esto hay que celebrarlo! ¡Vámonos a cenar! ¡Yo invito!

● Bueno, bueno...

2 Cuénteselo a su compañero/a.

¿Qué ha hecho usted hoy?

3 ¿Quién dice qué?

a. «Tengo que trabajar al aire libre.»

b. «No tengo un horario fijo.»

c. «Tengo que levantarme muy temprano.»

d. «Tengo que trabajar mucho, pero gano mucho dinero.»

● Imagine qué más dice cada uno sobre su horario, salario, obligaciones y vacaciones. Trabaje con su compañero/a.

Use lo que sabe

4 ¿Firmaría usted?

¿Qué es más importante
en un trabajo?

– El dinero.
– La relación con otras
  personas.
– Las posibilidades
  para el futuro.
– El horario.
– Hacer algo interesante.
– La seguridad.
– Tener responsabilidades.
– Las vacaciones.
– El lugar de trabajo.
– ...

**Valore de 1 a 10 los puntos
anteriores u otros y discuta
con sus compañeros/as.**

Algo más

5 ¿Tiene usted enchufe?

Quería un enchufe.

Sí, ¿cómo lo quería?

*Para algún
Ministerio...*

Enchufe: Dispositivo de las instalaciones eléctricas
mediante el cual se conecta un aparato a la red.

(Del *Diccionario de Uso* de María Moliner.)

**Artículo 35
de la Constitución Española (1978)
relativo al trabajo.**

«Todos los españoles tienen el deber de trabajar y el derecho al trabajo y a la libre elección de profesión u oficio, a la promoción a través del trabajo y a una remuneración suficiente para satisfacer sus necesidades y las de su familia, sin que en ningún caso pueda hacerse discriminación por razón de sexo.»

Resumiendo

Para hablar del pasado próximo

Esta mañana **he** firm**ado** el contrato...
Hoy **he** com**ido** con Manolo. Y tú ¿**has** com**ido** con Paco?

Para expresar obligación

Tengo que trabaj**ar** / volv**er** /sal**ir**...

1 Antes trabajaba menos. 📼

- ● MARGARITA   ■ SONIA HEINE

- ● ¿Dónde trabajabas antes?
- ■ En el Consulado austriaco. Trabajaba de intérprete.
- ● ¿Y qué tal?
- ■ Muy bien. Bueno, no tenía tanta responsabili-
  dad, y tampoco ganaba tanto como aquí. Traba-
  jaba menos… Lo más incómodo era el horario.
  Algunas semanas casi no había trabajo y en
  cambio otras… Me gustaba porque mantenía el
  contacto con mi país.
- ● ¿De qué parte de Austria eres?
- ■ Soy de un pueblo del Tirol. Bueno, realmente no
  soy de allí… Verás: yo nací en Innsbruck pero
  toda mi familia, mis abuelos, mis tíos… son de
  Ranalt, un pueblecito de la montaña y en realidad pasaba más tiempo allí que en la ciudad.
- ● ¿Te gustaba?
- ■ Me encantaba. Aquello era fantástico. Jugaba
  con mis primos, iba a pescar con mi abuelo, hacía excursiones por la montaña… Bueno, como
  Heidi más o menos.

3 ¿Pueden ustedes imaginar cómo era la vida de esta familia?

«Familia de Carlos IV». Goya.
(Museo del Prado, Madrid.)

2 ¿Cómo era su vida antes de…

…casarse?   …tocarle la lotería?

4 Identifíquese con un personaje del cuadro de Goya.

Hable con su compañero/a de su familia.
Su compañero/a debe adivinar quién es usted.

5 «Cualquier tiempo pasado fue mejor.» (Jorge Manrique)

Divídanse en dos grupos: los que están de acuerdo con Jorge Manrique y los que no.

Busquen por separado buenos argumentos para defender su punto de vista. Intenten convencer al grupo contrario.

6 A vueltas con la familia.

Para hablar de hechos habituales en el pasado

Antes trabaj**aba** menos. Ten**ía** más tiempo libre.
–¿Dónde viv**ías** antes? –Viv**ía** en Salamanca, con mi familia.
–¿Dónde pas**abas** las vacaciones? –Las pas**aba** en el campo.

Para comparar

Antes no fumaba **tanto como** ahora.
Antes no tenía **tantos** discos **como** ahora.
Antes había **más** árboles **que** ahora.

Ponga a prueba...

1 Su memoria.

1. ¿Qué estudian Elena y Steve? ¿Por qué?

2. Reconstruyan la historia académica y profesional de Sonia Heine.

3. ¿Cuáles son las nuevas condiciones laborales de Sonia?

2 Su oído. 📼

Escuche y tome nota de las razones de estas personas para estudiar español.

3 Su capacidad de análisis.

Compare y explique el resultado de sus observaciones.

TURISTAS EN ESPAÑA

- ☐ Franceses
- ■ Asiáticos

350.000

10.000.000

Fuente: *Anuario del Instituto Nacional de Estadística, 1988.*

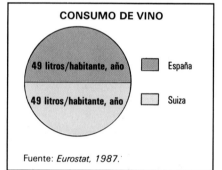

CONSUMO DE VINO

49 litros/habitante, año

49 litros/habitante, año

- ☐ España
- ☐ Suiza

Fuente: *Eurostat, 1987.*

4 Su capacidad de adaptación.

¿Cambiaría usted su profesión por la de su compañero/a?

Encuentre un/a compañero/a con quien intercambiar su profesión. Infórmese para ello de las ventajas e inconvenientes de su trabajo.

– Vacaciones.
– Horario.
– Tipo de trabajo.
– Cantidad de trabajo.
– Relaciones con otras personas.
– Viajes.
– Localización del centro de trabajo.
– ...

5 Su lógica.

Decida con su compañero/a quién es quién. ¿Por qué?

6 Su imaginación.

Invente con su compañero/a una biografía para alguno de los personajes del ejercicio anterior.

Otros compañeros/as deben adivinar de quién están hablando.

7 Su rapidez verbal.

Entre toda la clase hagan una lista de los verbos que han aparecido en las cuatro unidades anteriores.

Formen dos equipos. Cada equipo debe usar al menos la mitad de los verbos de la lista para formular otras tantas preguntas.

El equipo contrario debe contestarlas rápidamente recibiendo:
- Dos puntos si responde a lo que se le pregunta y además lo hace correctamente.
- Un punto si falla en la corrección pero responde a lo que se le pregunta.

¿Cómo va todo? 1

Conociendo España

1 El sistema educativo español.

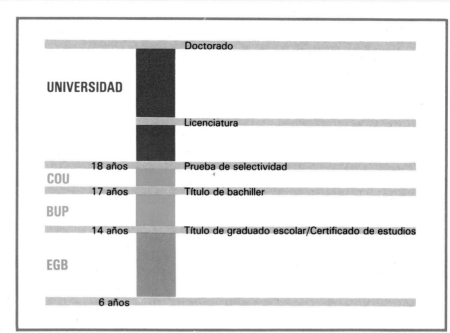

Fuente: *Estudios en España, I.* 1987.

2 Opinión sobre la enseñanza de idiomas.

Los idiomas en las enseñanzas primaria y secundaria.

EL APRENDIZAJE DE IDIOMAS	
Porcentaje del total de entrevistados que creen que:	
Es muy importante enseñar idiomas extranjeros en el colegio	82
El el colegio los idiomas se enseñan mal o regular	69
Porcentaje de padres con hijos en edad escolar que dicen que...	
Les basta con la enseñanza de idiomas que reciben en el colegio	51
Sus hijos completan esa enseñanza con cursos fuera del colegio	28
Sus hijos han salido alguna vez al extranjero a estudiar o a practicar algún idioma	9
Sus hijos están estudiando	
Francés	24
Inglés	70
Alemán	1
Otro idioma	3

Fuente: *El País,* 20/9/88.

3 Lenguas de España.

Artículo 3 de la Constitución Española de 1978.

1. El castellano es la lengua española oficial del Estado. Todos los españoles tienen el deber de conocerla y el derecho a usarla.

2. Las demás lenguas españolas serán también oficiales en las respectivas Comunidades Autónomas de acuerdo con sus estatutos.

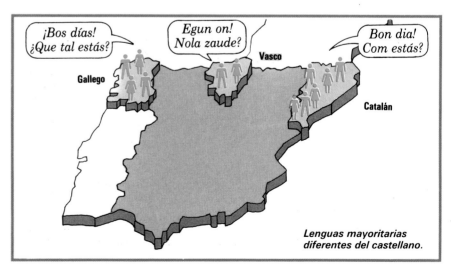

Lenguas mayoritarias diferentes del castellano.

4 El español.

a. **Trescientos veinte millones de hispanohablantes.**

b. **Los primeros rastros escritos.**

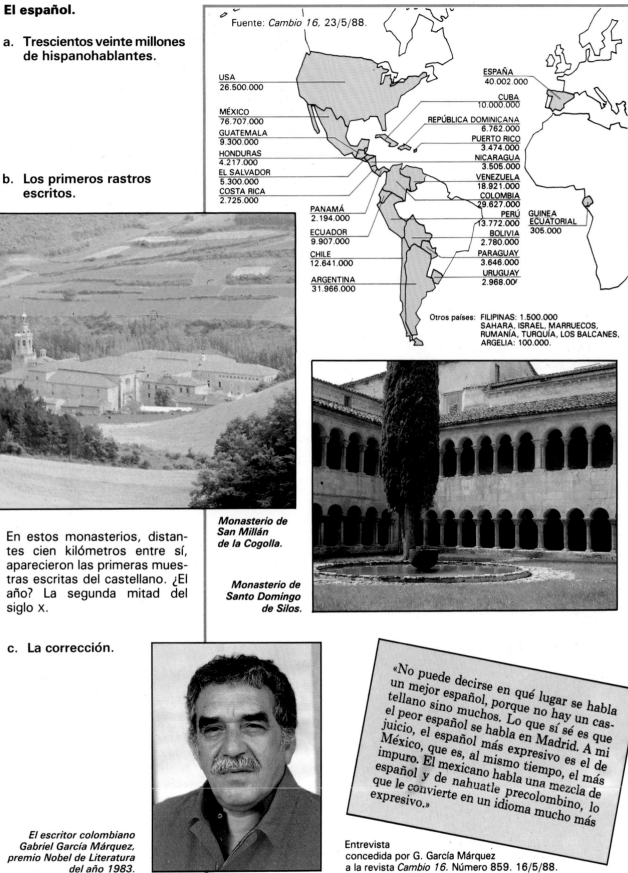

Fuente: *Cambio 16*, 23/5/88.

USA
26.500.000

MÉXICO
76.707.000

GUATEMALA
9.300.000

HONDURAS
4.217.000

EL SALVADOR
5.300.000

COSTA RICA
2.725.000

PANAMÁ
2.194.000

ECUADOR
9.907.000

CHILE
12.641.000

ARGENTINA
31.966.000

ESPAÑA
40.002.000

CUBA
10.000.000

REPÚBLICA DOMINICANA
6.762.000

PUERTO RICO
3.474.000

NICARAGUA
3.505.000

VENEZUELA
18.921.000

COLOMBIA
29.627.000

PERÚ
13.772.000

BOLIVIA
2.780.000

PARAGUAY
3.646.000

URUGUAY
2.968.000

GUINEA
ECUATORIAL
305.000

Otros países: FILIPINAS: 1.500.000
SAHARA, ISRAEL, MARRUECOS,
RUMANÍA, TURQUÍA, LOS BALCANES,
ARGELIA: 100.000.

*Monasterio de
San Millán
de la Cogolla.*

*Monasterio de
Santo Domingo
de Silos.*

En estos monasterios, distantes cien kilómetros entre sí, aparecieron las primeras muestras escritas del castellano. ¿El año? La segunda mitad del siglo X.

c. **La corrección.**

*El escritor colombiano
Gabriel García Márquez,
premio Nobel de Literatura
del año 1983.*

«No puede decirse en qué lugar se habla un mejor español, porque no hay un castellano sino muchos. Lo que sí sé es que el peor español se habla en Madrid. A mi juicio, el español más expresivo es el de México, que es, al mismo tiempo, el más impuro. El mexicano habla una mezcla de español y de nahuatle precolombino, lo que le convierte en un idioma mucho más expresivo.»

Entrevista
concedida por G. García Márquez
a la revista *Cambio 16*. Número 859. 16/5/88.

¿Cómo va todo? 1

No es lo que queríamos

1 Nos cambiamos de casa.

● Luis   ■ Lola   ▲ Vendedor

▲ Buenas tardes.

■ Buenas tardes. Mire, queríamos información sobre alquileres.

▲ Sí. ¿De qué tipo? Piso, apartamento, chalé...

● Un piso... No muy grande.

▲ Bien. Tenemos este piso, muy céntrico, con dos dormitorios, cuarto de estar, cocina, un cuarto de baño, todo exterior.

■ ¿En qué planta está?

▲ En la cuarta, pero tiene dos ascensores.

● ¿Y calefacción?

▲ Sí, calefacción central. Además hay portero, garaje y gas ciudad.

■ Ya. Pero no es esto lo que queríamos. Queríamos un piso con calefacción individual y...

▲ Bueno. A ver, a ver. ¿Y qué les parece éste? También tiene dos dormitorios, calefacción individual, piscina, garaje... muy bien comunicado.

● ¿Y los gastos de comunidad?

▲ Aproximadamente quince mil pesetas al mes, aparte del alquiler.

■ La verdad es que queríamos algo más barato.

● Sí, precisamente nos cambiamos de casa porque la otra tiene muchos gastos de comunidad.

▲ Pues ahora mismo no tengo otra cosa con esas características. Lo siento.

■ Gracias. Seguiremos buscando.

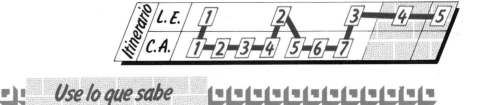

2 ¿Por qué buscan casa?

Encuentre, en colaboración con su compañero/a, las razones por las que estas personas buscan una casa.
Comparen con otros compañeros.

3 Compradores y vendedores.

Divídanse en compradores y vendedores.

• **Compradores:** Elijan personaje(s) del ejercicio anterior y decidan cómo quieren su nueva casa.

• **Vendedores:** Preparen las ofertas de su agencia.

Reúnanse e intenten quedar todos satisfechos.

Use lo que sabe

4 ¿Qué prefieren?

– ¿Un piso en el centro o una casa en las afueras?
– ¿Estar bien comunicados o tener tranquilidad?

Formen grupos según su preferencia y defiendan sus puntos de vista.

Algo más

5 Agencias muy particulares.

¿Oiga? ¿Agencia Amanecer? Mire, yo quería un kilo de medias naranjas.

Resumiendo

Para expresar deseos

–Quería / queríamos ...
–Quería /queríamos algo más ...
–No es lo que quería / queríamos.
–Es justo lo que quería / queríamos.

Para preguntar la opinión sobre algo o alguien

(TÚ) –¿Qué te parece ... ?   (VOSOTROS) –¿Qué os parece ... ?
(USTED) –¿Qué le parece ... ?   (USTEDES) –¿Qué les parece ... ?

1 Hay que hacer la comida.

- ● LUIS ■ LOLA ▲ VECINO

- ● ¿Qué estás haciendo?
- ■ Estoy pintando la terraza. ¿Y tú?, ¿has arreglado ya el cuarto?
- ● Sí, sí, ahora estoy barriendo el suelo, que está sucísimo.
- ■ Ah, por cierto. Hay que hacer la comida.
- ● ¿La comida? ¿Con este jaleo?... Oye, ¿hay pan?
- ■ Sí, está encima de la caja de los libros.
- ● Vale, vale. Voy a... ¡Bueno!

2 Haga con su compañero/a una lista de lo que hay que hacer en la casa de Lola y Luis.

3 Comente con su compañero/a las cosas que hay que hacer en su propia casa todos los días.

4 Encuentre al asesino.

Puede parecer imposible, pero una de estas personas está preparando un crimen. Investigue con su compañero/a y descubra al culpable.

- ● Es la número 1. Está haciendo la cama y puede poner un escorpión en ella.
- ■ Yo creo que es la número 10. Parece que está arreglando el enchufe, pero en realidad está preparando una trampa.

Use lo que sabe

5 Papeleo.

Comenten lo que hay que hacer en su país para:

- — Casarse.
- — Matricular a un hijo en la escuela.
- — Tener derecho a jubilación.
- — Pedir un crédito para comprar un piso.

Algo más

6 La mujer en casa...

¿Profesión?

Mis labores.

Expresiones como «sus labores» (del hogar, por supuesto) o «ama de casa» (el masculino no existe) siguen estando asociadas, de forma exclusiva, a la mujer.

haciendo?

- ▲ Buenos días.
- ● Buenos días.
- ▲ Mire, yo soy el vecino de enfrente.
- ● ¿Qué tal?
- ▲ Muy bien… Mucho trabajo, ¿eh?
- ● Muchísimo. Mire cómo está la casa.
- ▲ Ya, ya. Por cierto, ¿tiene sal? Es que estoy haciendo la comida y…
- ● ¿Sal? Supongo que sí. Pero no sé dónde.
- ▲ Es igual, es igual, yo la busco.
- ● Fantástico… y si quiere echar una mano… ya sabe.
- ▲ ¡Ah! ¿Qué están haciendo?
- ● Pues de todo, pintando, barriendo, ordenando… y además hay que hacer la comida.

Itinerario	L.E.	1		2	3		4	5	6
	C.A.	1	2 3 4 5 6 7 8						

- ● **Ahora, en grupo, comparen sus conclusiones.**

  ¿Quién ha ofrecido la solución más ingeniosa?

  ¿Quién ha dicho el mayor disparate?

El Congreso del PSOE decide reservar un 25% de sus cargos directivos para las mujeres.

31.º Congreso del PSOE. Enero de 1988.

Sólo un 8,6% de los cargos de nivel máximo de la Administración son ocupados por mujeres.

El País, 20/10/88.

Resumiendo

Para hablar de acciones en desarrollo

–¿Qué está(s) haciendo?

–Estoy | limpi**ando**.
barr**iendo**.
escrib**iendo**.

Para expresar obligaciones

Hay que | limpi**ar**.
barr**er**.
escrib**ir**.

Hace buen tiempo

Laredo, Cantabria.

Santillana del Mar, Cantabria.

ESPAÑA y sus comunidades autónomas

Galicia · Asturias · Cantabria · País Vasco · Navarra · Castilla y León · Aragón · Cataluña · Madrid · Extremadura · Castilla-La Mancha · Comunidad Valenciana · Baleares · Andalucía · Canarias

JUNIO

Fuente Dé. Picos de Europa.

Potes, Cantabria.

1 Al Norte.

● Luisa   ■ Ester

● ¿Y por qué no vienes con nosotros este verano?
■ ¿Al Norte?
● Sí, a Cantabria.
■ Dicen que es muy bonito, pero el clima...
● Mujer, la verdad es que no es un clima maravilloso. Pero...
■ Llueve mucho.
● No, ¡qué va! No hace tanto calor ni tanto sol como en el Sur, pero la temperatura es muy agradable.
■ Sí, es cuestión de suerte. ¿Vais a ir a la costa o a la montaña?

● Bueno, a los dos sitios. Primero a Potes, que está al oeste de Santander, en los Picos de Europa, a unos cien kilómetros.
■ Creo que tiene un paisaje precioso, ¿no?
● Sí, está rodeado de montañas y es muy tranquilo. Es... Después vamos a la costa, a Laredo, que es más turístico.
■ ¿No vais a Santillana del Mar?
● Sí, claro. Hay que ir a Santillana, es una maravilla. Bueno, ¿te animas o no?
■ No sé, no sé... Voy a estudiar los pronósticos del tiempo para el mes que viene y... luego hablamos.

2 Elija un lugar y describa el clima.

Su compañero/a deberá adivinar qué sitio ha elegido usted.

◀ Yucatán, México.

Marruecos.

Polo Norte.
◀ Nerja, Málaga.

3 Hablen del clima y del paisaje de sus respectivas regiones de origen.

Luego, decidan quién de ustedes es más afortunado/a en ese sentido.

4 Y de geografía, ¿qué tal?

Está al norte de Italia y al oeste de Austria.

AUSTRIA

ITALIA

¡Suiza!

Algo más

Use lo que sabe

Sol radiante y calor en toda España.

6 Sabiduría popular.

5 ¿Qué hace usted cuando...?

Comente con su compañero/a cuáles son, en función del tiempo, su vestuario y sus actividades:
- Sociales.
- Deportivas.
- Lúdicas.
- Familiares.

Refrán: Sentencia popular repetida tradicionalmente de forma (más o menos) invariable, generalmente rimada. Fácil de entender.

– En abril, aguas mil.
– Marzo ventoso y abril lluvioso, sacan a mayo florido y hermoso.
– Año de nieves, año de bienes.
– En agosto, frío el rostro.
– Hasta el cuarenta de mayo, no te quites el sayo.
– En febrero, busca la sombra el perro.
– Cuando llueve y hace sol, sale el arco del Señor.

Resumiendo

Para hablar del clima

–¿Qué tal tiempo hace?
–Llueve.
 Nieva.
 Hace frío/calor/sol/viento.
 Está nublado.

Para localizar un lugar geográfico

Está al norte/sur/este/oeste de ...
Está a ... kilómetros de ...

Cierra la maleta

1 Sólo nos falta la playa.

- ● LUISA ■ JUAN

- ● Oye, pásame la falda roja, por favor.
- ■ Toma.
- ● ¿Dónde están mis playeras?
- ■ Las he metido en la maleta. Toma, coge la crema y tus camisetas.
- ● Un momento, voy a coger los libros.
- ■ Ah, no te olvides de la cámara de fotos.
- ● Vale, vale.
- ■ Hay que llevar también carretes de fotos.
- ● Los podemos comprar allí... Bueno, ¿se nos olvida algo?
- ■ Creo que no... ¡Ah! ¿Has cogido los billetes?
- ● ¡Ay, no! Voy a por ellos.
- ■ Bueno, ahora sí. ¿Cierro la maleta?
- ● Sí, ciérrala. Sólo nos falta la playa.

2 ¿Adónde va?

- ● Usted piensa en un lugar exótico para las vacaciones de su compañero/a y prepara una lista de las cosas que va a necesitar.

- ● Le dice a su compañero/a qué debe llevar.

  Use:
  No te olvides/se olvide de...

- ● Su compañero/a deberá adivinar el sitio elegido por usted.

3 ...¡Ah!, ¡y cierra la puerta! (Un Rodríguez en apuros).

Imagine las últimas instrucciones que este marido recibe de su mujer antes de salir para la playa.

Use lo que sabe

4 ¡Por favor!

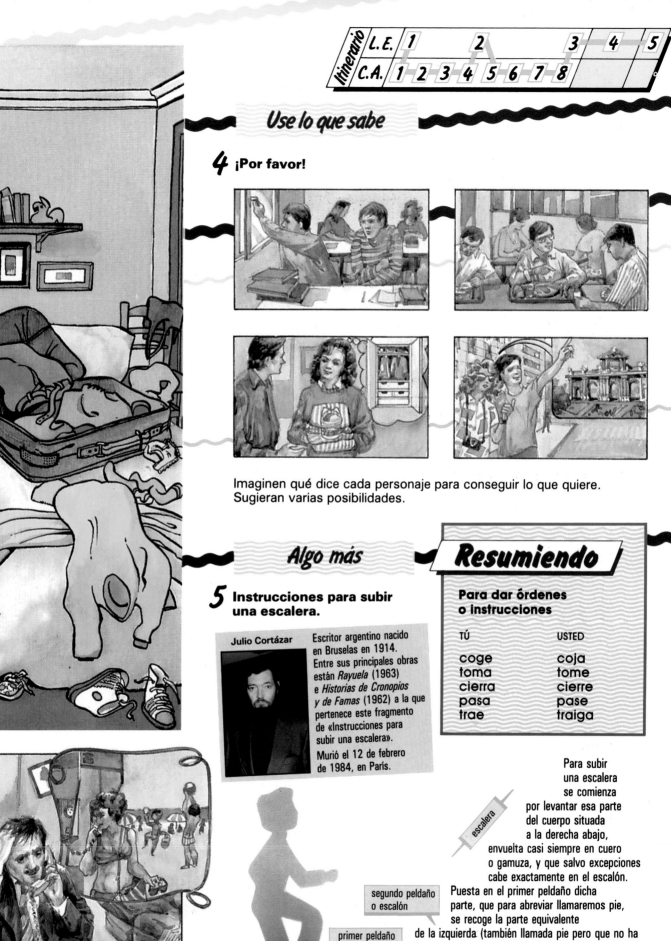

Imaginen qué dice cada personaje para conseguir lo que quiere.
Sugieran varias posibilidades.

Algo más

5 **Instrucciones para subir una escalera.**

Julio Cortázar

Escritor argentino nacido en Bruselas en 1914. Entre sus principales obras están *Rayuela* (1963) e *Historias de Cronopios y de Famas* (1962) a la que pertenece este fragmento de «Instrucciones para subir una escalera». Murió el 12 de febrero de 1984, en París.

Resumiendo

Para dar órdenes o instrucciones

TÚ	USTED
coge	coja
toma	tome
cierra	cierre
pasa	pase
trae	traiga

escalera

segundo peldaño o escalón

primer peldaño o escalón

pie

pie

Para subir una escalera se comienza por levantar esa parte del cuerpo situada a la derecha abajo, envuelta casi siempre en cuero o gamuza, y que salvo excepciones cabe exactamente en el escalón. Puesta en el primer peldaño dicha parte, que para abreviar llamaremos pie, se recoge la parte equivalente de la izquierda (también llamada pie pero que no ha de confundirse con el pie antes citado), y llevándola a la altura del pie, se la hace seguir hasta colocarla en el segundo peldaño, con lo cual en éste descansará el pie, y en el primero descansará el pie.

¿Cómo va todo?

1 Su memoria.

En las últimas cuatro unidades:

aparecen dos personajes que quieren cambiar de casa.

- ¿Por qué?
- ¿Qué recuerda de ellos?
- ¿Encuentran casa?

un personaje, Ester, va a ir de vacaciones.

- ¿Adónde?
- ¿Qué tiempo hace en esa zona?

Ester hace el equipaje.

- ¿La ayuda alguien?
- Recuerde la escena.

2 Su conocimiento de Europa...

Elija un punto del mapa para pasar las vacaciones del mes de julio

Haga una pequeña lista con las ventajas y los inconvenientes de ese lugar.

... y su poder de convicción.

Intente convencer a sus compañeros/as para ir todos al lugar elegido por usted.

3 Su oído...

Usted y sus compañeros/as ya han elegido sitio.

Escuchen las ofertas de alojamiento de esta agencia turística. Tomen nota.

... y su capacidad para el acuerdo.

Decidan, con los datos que tienen, dónde se van a alojar.

4 Su sentido práctico.

Llegó el momento de partir. Hagan juntos el equipaje.

5 Su capacidad de organización.

Ya han llegado al lugar elegido. Pero, incluso en vacaciones, hay ciertas obligaciones inevitables. Prevéanlas y repártanse las tareas.

> Perdona, pero hay que limpiar el polvo del garaje.

6 Su facilidad de combinación.

Entre toda la clase hagan una lista con, al menos, veinte palabras que hayan aprendido en las cuatro últimas unidades.

Formen dos equipos. Un equipo propone una de las palabras elegidas. El contrario tiene diez segundos para formar una frase correcta y con sentido que contenga dicha palabra.

Los turnos irán alternándose hasta que se agoten las palabras y entonces puede continuarse repitiendo las palabras pero sin repetir frases que ya se han dicho.

¿Cómo va todo? **2**

¿Cómo va todo?

Conociendo España

1 Climas de España.

España verde: muy húmeda, con lluvias todo el año. Temperaturas suaves. No hace mucho calor ni mucho frío.

España continental: llueve muy poco, generalmente en primavera y en otoño. Las temperaturas son extremas: mucho frío en invierno y mucho calor en verano.

España mediterránea: más húmeda que la continental. En verano hace mucho calor, pero no hace frío en invierno.

Islas Canarias: clima muy seco y cálido. Nunca hace frío ni tampoco mucho calor.

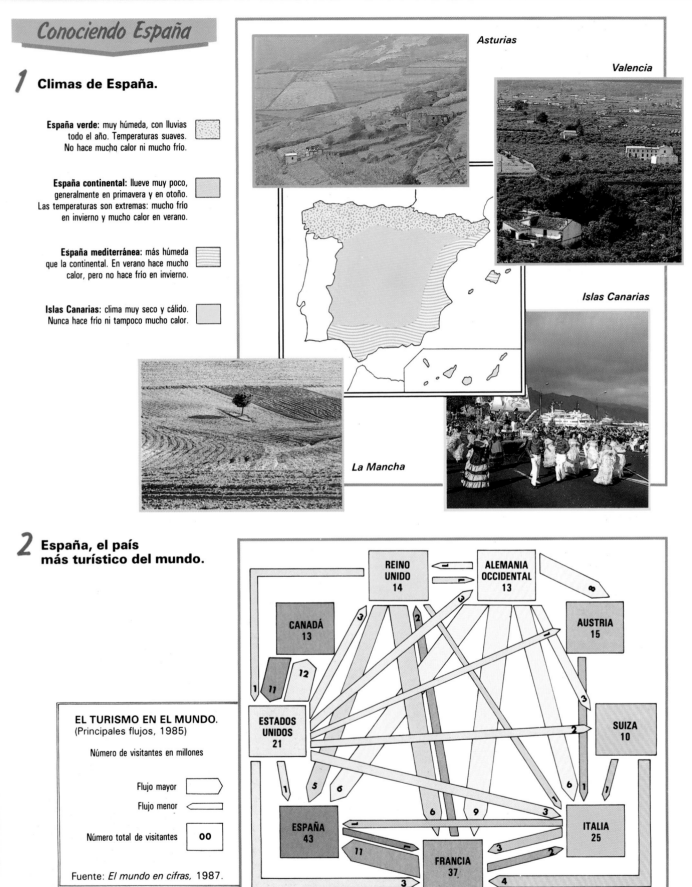

Asturias

Valencia

Islas Canarias

La Mancha

2 España, el país más turístico del mundo.

REINO UNIDO 14

ALEMANIA OCCIDENTAL 13

CANADÁ 13

AUSTRIA 15

SUIZA 10

ESTADOS UNIDOS 21

ITALIA 25

ESPAÑA 43

FRANCIA 37

EL TURISMO EN EL MUNDO.
(Principales flujos, 1985)

Número de visitantes en millones

Flujo mayor

Flujo menor

Número total de visitantes **00**

Fuente: *El mundo en cifras,* 1987.

3 ¿Hablamos de lo mismo?

Desde que en los años sesenta los nórdicos «descubrieron» la Costa del Sol, la palabra turismo tiende a confundirse con sol y el nombre de España con Mediterráneo.

Sólo los propios españoles parecen recordar, y no siempre, que las playas y montañas cantábricas también existen.

Por un lado: sol, calor, música, gente, mucha gente (lo que llaman «ambiente»), grandes hoteles, restaurantes y productos «típicos».

Por el otro: temperaturas suaves y un poco de lluvia, bosques, naturaleza, tranquilidad. Menos instalaciones hoteleras, menos gente y más autenticidad. En definitiva, una realidad diferente.

¿Qué prefiere usted?

¿Cómo va todo? **2**

¿Me podría decir...?

1 Perdone...

Gasolina

- Por favor, ¿sabe a qué distancia está la gasolinera más próxima?
- Sí, a unos tres días, en el siguiente oasis a la derecha.

Retraso

- Por favor, ¿podría decirme con qué retraso llega este año el verano?
- Lo siento, señora; no lo sé. Pero el avión de Tenerife llega con solo veinte minutos de retraso.

El dólar

- ¿A cuánto está hoy el dólar?
- Está a... 122 pesetas.
- Gracias. A ese precio, hoy tampoco vendo.

El bar

- Y ¿a qué hora abren mañana?
- ¿Mañana? Dentro de dos horas.

El gran hotel

- ¿Me podría dar la factura?
- Sí. Son... cinco noches, habitación doble y pensión completa... total 190.000 pesetas.
- ¿¿¿Cuánto???
- 190.000 pesetas.
- Bien. ¿Hasta qué hora está abierto el Casino?

El aeropuerto

- Perdone, ¿para ir al aeropuerto?
- Sí, siga a aquel avión.

2 ¿Está usted preparado/a para viajar?

3 Usted es el/la propietario/a de un hotel de tres estrellas.

4 Hable con el/la propietario/a del hotel de los precios para alojar a estas familias durante dos semanas.

Pregunte a su compañero/a
por el cambio de moneda:

- ¿A cuánto está el yen?
- Está a...

Prepare su oferta turística
para la temporada:

- – Habitaciones.
- – Comodidades/ Servicios.
- – Los precios.
- – Posibilidades turísticas.

Si la información no le satis-
face, pregunte a otro/a propie-
tario/a de hotel.

Use lo que sabe

5 Viajar es conocer.

Elija con un/a compañero/a un
país interesante para los dos.
Preparen una lista de información práctica: moneda, hora-
rios, monumentos, hoteles,
transportes, restaurantes... Intercambien su información con
otros/as compañeros/as.

Algo más

6 Derecho a una información verdadera.

Artículo 8.3 de la Ley
de Consumidores y Usuarios.

La oferta, promoción y publicidad falsa
o engañosa de productos, actividades o
servicios, será perseguida y sancionada
como fraude. Las asociaciones de consumidores y usuarios constituidas de
acuerdo con lo establecido en esta ley
estarán legitimadas para iniciar e inter-
venir en los procedimientos administra-
tivos tendentes a hacerla cesar.

Resumiendo

Para solicitar información (sobre sitios y servicios públicos)

(¿Me puede/podría decir ...)
(¿Sabe usted ...)

a qué distancia ... ?
a qué hora sale ... ?
dónde hay ... ?
dónde puedo ... ?
cuánto cuesta ... ?
a cuánto está ... ?
a qué hora abren ... ?
hasta qué hora está abierto ... ?

¿Para ir a ... ?

¿Qué desea?

1 ¿No tienes otros más anchos?

● Dependienta ■ Chica

● Hola, buenos días. Dígame, ¿qué desea?

■ Mira, yo quería algo diferente, algo elegante.

● Sí, ¿unos pantalones, una falda, un vestido, una chaqueta...?

■ Bueno, un poco de todo, pero primero una falda.

● Mire, tenemos esta negra de cuero...

■ Sí, sí. Me gusta, me gusta... ¿Puedo probármela?

● Sí, pase a los probadores, por favor.

■ ¿No tienes otra más ancha? Es que esta me está muy estrecha.

● Se llevan así. Es su talla.

■ ¡Ah! Vale. Y ¿cuánto cuesta?

● 16.995.

■ Muy bien. Me la llevo.

● ¿Algo más?

■ También quería unos zapatos, pero no tan elegantes.

● Vamos a ver.

2 ¿Qué van a comprar?

¿Está usted de acuerdo con su compañero/a? Imaginen algún diálogo con los vendedores.

Resumiendo

Para comprar ropa o calzado

–Quiero/quería ...
–¿Puedo probármelo?
–Me está ...
–¿No la tiene(s) ... ?
–¿No tiene(s) otro/a/os/as ... ?
–Yo los quería ...

- ¿Me dice el número?
- El 36.
- ¿Qué le parecen estos? Son cómodos, deportivos...
- Ya, pero ¿no los tienes de otro color? Los quería algo más claros.
- Sí, creo que sí. Vamos a ver... Mire, estos son del mismo modelo pero de color crema...
- A ver... voy a probármelos... Ah, me están muy bien. De acuerdo. Entonces, ¿cuánto es todo?
- Sí, pase por caja por favor. ¿Va a pagar en metálico o con tarjeta?
- En metálico.

-Me gusta(n)./No me gusta(n).
-Me las llevo.
-¿Cuánto cuesta?/¿Cuánto es?
-¿(Paga usted) en metálico o con tarjeta (de crédito)?

3 Objetos perdidos.

...así que es de piedra, pequeño, ligero...

Divídanse en dos grupos.
Los del primer grupo van a «perder» un objeto personal cada uno.
Sus compañeros/as de la oficina de objetos perdidos (el segundo grupo) los van a recoger.
Como ustedes no saben muy bien español, deberán describir el objeto en lugar de decir su nombre para recuperarlo.

Use lo que sabe

4 Y ahora, a vender.

Prepare con sus compañeros/as algunos eslóganes para vender estos dos productos.

NESCAFÉ
Descafeinado

En su coche hay un Sansui.

SANSUI lleva años fabricando sistemas profesionales de alta fidelidad con la más avanzada tecnología. Por eso, cuando SANSUI se decide a fabricar equipos de alta fidelidad para automóviles, los primeros en agradecerlo son los profesionales del sonido, los más exigentes. Personas que, como este músico de jazz, saben distinguir la importancia de un matiz y apreciar la fiel reproducción de una nota. Por eso eligen SANSUI.

Si usted quiere disfrutar en su automóvil de un sonido profesional, instale un equipo SANSUI. Verá cómo le suena.

iecsa
MADRID TELS. 91/448/0943

SANSUI
AUDIO CAR SYSTEM. SONIDO VIVO.

Algo más

5 Etiqueta.

Los Marqueses de Grillón se complacen en invitarle al baile de sociedad que, con motivo de sus bodas de plata, se celebrará el próximo día 23 en el Palacio de Grillón.

S.R.C.

Etiqueta   234 56 78

MIRA LAS ETIQUETAS. DICEN MUCHO DE TU ROPA

Símbolo del algodón

Símbolo del lino

Símbolo de la lana

10

Quería

1 ¿Podría usted... ? 📼

Una reserva

- Yo quería reservar una habitación.
- ¿Para qué fecha?
- Para el verano.
- ¿De qué año?

No cuelgue

- Información. Dígame.
- Por favor, es muy urgente. ¿Me puede decir el teléfono de los bomberos?
- Sí, espere un momento. No cuelgue. El ordenador está ocupado.

Servicio despertador

- Por favor, ¿sería tan amable de despertarme a las siete en punto?
- Lo siento señor, no puedo. Son ya las siete y cinco.

2 Imagine con su compañero/a los servicios que solicita este hombre durante su estancia en el hotel.

Sí, señor Plumasutil; ahora mismo le subimos el hielo.

3 También durante las vacaciones se pueden presentar problemas.

¿Está usted preparado/a? ¿Qué deben hacer estas personas?

Use lo que sabe

4 Formas y formas de pedir.

Imagine con su compañero/a los diálogos.

reservar...

Itinerario	L.E.	1		2		3	4	5
	C.A.	1 2 3	4	5 6	7 8			

Lavar y planchar

- Por favor, ¿puede lavar y planchar esta ropa para esta tarde?

Un cheque

- Yo quería cobrar este cheque urgentemente.

En reparación

- ¿Cuándo paso a recogerlo?
- Esta tarde seguro que no.

Imagine con su compañero/a algún diálogo (en el banco, en la oficina de objetos perdidos, en correos, pidiendo información telefónica...).

Resumiendo

Para solicitar servicios

–Sería(n) usted(es) tan amable(s) de ...

–Quiero/quería ...

–(Me) pueden/podrían ...

–¿Cuándo paso a recogerlo?

Algo más

5 Vuelva usted mañana.

No sé qué necesito para que me apliquen tarifa especial de familia numerosa.

Pues creo que basta el libro de familia.

¿Es usted el último?

¡Pero por qué no abren la otra ventanilla!

¡Cómo no se den más prisa, nos van a dar las uvas!

¿Me guarda la vez? Voy a tomar algo.

¿Desde cuándo está usted aquí?

Ya ni me acuerdo.

INFORMACION

11

1 Oiga, esto está frío. 📼

- Oiga, le he pedido sardinas, no sandía.
- Perdón, perdón, me he equivocado.

- Camarero, este filete está poco hecho.
- No se preocupe, se lo hacemos más.

- Oiga, la sopa está saladísima.
- No hay problema, le traigo otra cosa.

- Camarero, por favor.
- Sí, dígame.
- Mire. Este tenedor está sucio.
- Ahora se lo cambio.

- Camarero, este café está frío.
- No, desde este momento ya no soy camarero de este restaurante.

Use lo que sabe

4 ¡Así son las cosas!

Asocie las frases a los dibujos.
Después, con su compañero/a, describa la situación con más detalle
e imaginen cómo continúan los diálogos.

a. *Me dijiste que las patatas tenían que estar diez minutos.*

b. *Señorita, usted me dijo que estaba hoy. Lo necesito para ir a una fiesta esta noche.*

c. *Dijiste que ésta cerraba a las 12. ¿Qué hacemos ahora? No llegaremos a la siguiente.*

d. *Tú dijiste que a las tres. ¿Qué ha pasado? Son ya las cuatro.*

e. *La etiqueta decía que no encogía. Usted me lo confirmó. ¡Y mire!*

frío

- Oiga, ¿qué le pasa a este teléfono? No funciona.
- Esta mañana funcionaba, lo siento.

- Camarero, en el menú del día decía que el postre estaba incluido.
- Lo siento, es un error del cajero.

2 En este restaurante, a pesar de la apariencia, los clientes tienen motivos de queja.

Imagine con su compañero/a los diálogos entre los camareros y los clientes.

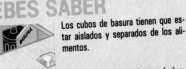

3 Este hotel no cumple lo que dice su folleto.

¿Cómo protestaría usted? Imagine el diálogo con su compañero/a.

Hotel El Oasis

Paseo marítimo s/n.
Teléfono (918) 46 78 90.
Fuengirola.

- Habitaciones con vistas al mar.
- Aire acondicionado.
- Alfombrado.
- Música ambiental.
- Cambio de moneda.
- Servicio de limpieza exquisito.
- Insonorización.
- Piscina.

- Oiga, el folleto decía…
- Lo siento mucho, es que…

Algo más

5 Haz valer tus derechos.

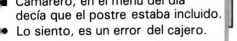

ALGUNAS COSAS QUE DEBES SABER ANTES DE SALIR A "TOMAR UNAS COPAS"

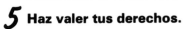

Todos los alimentos expuestos al público estarán protegidos mediante una vitrina.

Los pescados y mariscos expuestos deben mantener su apariencia de frescos.

El lavado de la vajilla y los cubiertos deberá realizarse con agua caliente.

Los útiles y mesas o planchas de trabajo deben estar limpios y ordenados.

Los cubos de basura tienen que estar aislados y separados de los alimentos.

Todos los establecimientos de hostelería deben tener una lista o carta de precios debidamente sellada por el organismo competente.

Además, están obligados a entregar una factura clara y legible, indicando los precios de cada plato servido al cliente.

Recuerda en todo momento que tienes a tu disposición las «hojas de reclamaciones».
- Jefatura del Área de Consumo de la Delegación Provincial de Sanidad, Bienestar Social y Trabajo.
- Oficina Municipal de Información al Consumidor.
- Asociaciones de Consumidores.
- Instituto Nacional del Consumo. Paseo del Prado, 18 y 20. Teléfono (91) 467 50 50. 28071 Madrid.

Folleto del Instituto Nacional de Consumo.

Resumiendo

Para protestar por un mal servicio

Oiga, este/esta … está …
el/la … no funciona.
le he pedido …
aquí dice que …
en el folleto decía que …

Para reaccionar ante una protesta

Perdón/perdone/perdona, …
Lo siento, …

Me he equivocado, …
No se/te preocupe(s), …
No hay problema. (…)
Es un error. (…)
Es que …

Ahora mismo se lo/la/…
cambio / arreglo / limpio / …

Ponga a prueba...

1 Su memoria.

Recuerde las cuatro últimas unidades y elabore con su compañero/a una lista...

...de las informaciones que se piden.

...de los servicios solicitados.

...de las reclamaciones que se hacen.

2 Su capacidad dramática.

Elija alguna de las situaciones del ejercicio 1 y represéntela con su compañero/a.

El resto de la clase dirá qué escena han representado ustedes.

3 Su oído.

Escuche y tome nota de las ofertas de estos grandes almacenes y de la planta en la que están.

Compare con su compañero/a.

4 Sus dotes para comprar...

Aproveche las ofertas del ejercicio anterior y haga una pequeña lista de compras en función de las siguientes situaciones:

- Usted ha engordado diez kilos en los últimos meses.
- Este fin de semana vienen a su casa cuatro amigos españoles.
- Ha decidido perder esos diez kilos de más practicando deporte.

... y compre. Su compañero/a es el/la vendedor/a.

5 Su capacidad de decisión.

Su compañero/a y usted quieren viajar a Cádiz, España.

Usted tiene información sobre un hotel y su compañero/a sobre otro.

Intercambien sus datos, discutan las ventajas y los inconvenientes de cada hotel y tomen una decisión.

6 Su resolución.

Finalmente su compañero/a y usted están en Cádiz, en el hotel elegido.

Representen y resuelvan algunos pequeños incidentes.

- El aire acondicionado no funciona.
- Ha olvidado usted toda la ropa de playa.
- Hay una discoteca al lado de su habitación que no les deja dormir durante la noche.

7 Su compenetración con su compañero/a.

Entre toda la clase hagan una lista de lugares públicos que muy posiblemente visitarán en un viaje de una semana por España.

A continuación divídanse en grupos de dos parejas. En cada grupo, una pareja indicará a la otra un lugar de la lista, debiendo esta última representar un pequeño diálogo que, con mucha probabilidad, pueda escucharse en el mismo.

(***) HOTEL CONTINENTAL

C/ Doctor Gómez Ulla, 64.
Tfno. (956) 36 29 81.

Habitación doble: 4.800 ptas.
Habitación sencilla: 3.500 ptas.

En el centro de la ciudad, junto a la playa de La Caleta. Aire acondicionado, calefacción, radio y teléfono. Servicio de habitaciones. Lavandería. Restaurante. Bar. Peluquería. Piscina. Mini-golf.

(***)

Hotel Renacimiento

Carretera a Chipiona s/n.
Tfno. (956) 30 28 18.

Habitación doble: 4.200 ptas.

Habitación sencilla: 3.300 ptas.

Entre Chipiona y Cádiz, a diez minutos del centro. Aire acondicionado y calefacción. Supermercado. Restaurante, bar y discoteca. Patio flamenco con tablao. Servicio de habitaciones. Lavandería.

Conociendo España

De la revista *Cambio 16*. Número 602.

1 ¿Quién duerme en los hoteles españoles?

Quién duerme en los hoteles. Año 1982

(Total pernoctaciones: 116.042.130)	%
Españoles	33,9
Extranjeros	66,1
* Reino Unido	24,1
* Alemania (RF)	18,7
* Benelux	5,6
* Francia	5,3
* Escandinavia	3,1
* Suiza	1,5
* Italia	1,6
* Portugal	0,5
* Resto Europa	1,0
* Estados Unidos	1,7
* Resto América	1,4
* Japón	0,3
* Otros países	1,3

2 Informadores turísticos.

En las ciudades españolas encontrará Informadores Turísticos que le orientarán, si usted lo solicita, sobre nuestra riqueza histórico-artística, bellezas naturales y tradiciones populares. Las Oficinas de Turismo le ayudarán a localizar un Informador Turístico.

Si usted realiza un viaje turístico en grupo, organizado por una Agencia de Viajes, le acompañará un Informador Turístico que le ayudará en todo tipo de problemas y situaciones que puedan surgir, además de informarle sobre los aspectos de mayor interés de nuestro país.

Fuente: *Consejos útiles para los turistas en España,* Secretaría de Estado de Turismo.

3 Así pagan los españoles.

De la revista *Cambio 16*.

ASÍ PAGAN LOS ESPAÑOLES
Distribución porcentual

Cheques de viaje	1983	0,5
	1990	2,5
	2000	3
Domiciliación de recibos	1983	3
	1990	6
	2000	7
Tarjetas	1983	5
	1990	15
	2000	23
Talones	1983	5
	1990	3
	2000	3
Efectivo	1983	86,5
	1990	73,5
	2000	64

4 Establecimientos para todos los gustos.

En nuestros días la inauguración de un establecimiento comercial de gran tamaño ya no es una novedad.

Grandes almacenes e hipermercados sustituyen poco a poco a los pequeños comercios y allí donde se instalan el negocio familiar desaparece.

Para el consumidor, encontrar en un mismo lugar unos zapatos, un kilo de naranjas, un frigorífico o un disco de Sting ofrece grandes ventajas.

También resulta atractivo y cómodo poder comprar después de las ocho de la tarde —hora de cierre del comercio tradicional— o en sábado por la tarde y hasta en domingo.

Pero, muchas veces, olvidamos que comprar no es sólo una operación mercantil. El frutero de la esquina puede aconsejarnos sobre la fruta que tiene, pues sabe si nos gusta verde o madura. Al mismo tiempo podemos comentar con él el tiempo que hace o las novedades del barrio. Comprar es también una forma de relacionarse socialmente.

Y quizás por eso, existen todavía y, probablemente, seguirán existiendo, tantos establecimientos familiares y mercados callejeros en los que comprar es, fundamentalmente, un placer.

¿Cómo va todo? **3**

1 Ya la he visto... 📼

- CARMEN ■ PACO

- Bueno, Paco, ¿qué hacemos esta tarde?
■ Creo que esta noche canta Javier Krahe en el Café Central.
- A ver... Sí, a las diez. Podemos ir antes al cine; a la sesión de las siete, ¿no? Mira, en el Arlequín ponen «El último emperador».
■ Ya la he visto.
- Y ¿qué tal es?
■ La fotografía es muy buena, pero es un poco lenta.
- ¿Y si vamos a ver «Dublineses»? La crítica dice que está muy bien.
■ Ya. Pero es que es subtitulada... ¿De qué trata?
- Pues creo que está basada en cuentos de James Joyce. Es la última película que hizo John Huston y...
■ Oye, ¿por qué no vamos al teatro? Mira, en el Fígaro están poniendo «Ay, Carmela».
- Vale, muy bien. De acuerdo.

2 ¿De qué trata?

Elija dos de estas películas y dígale a su compañero/a de qué tratan. Él/ella le informará sobre las otras dos.

3 Una pequeña crítica.

Comente con su compañero/a la última película que ha visto.

4 Domingo por la tarde.

Consulten el periódico de Paco y Carmen y hagan un plan para esta tarde.

¿QUÉ HACEMOS

MUSICALES

Café Central. (2) / ☎ 468 08 44 / Plaza del Ángel, 10.
—Todos los días, de 10 a 12, *jazz* en vivo. Del 3 al 9 de octubre: Javier Krahe. Próxima semana: Pedro Iturralde.
Kien. ☎ 250 00 09 / Balina, 28, semiesquina a Alberto Alcocer.
—Actuaciones en directo. Próximo martes 11 y miércoles 12, actuación del grupo de *rock* más divertido del momento: **Los Güevos Duros.** No faltes, a las 22.30.
Salón del Prado. Café Concierto. ☎ 429 33 61 / Calle del Prado, 4.
—Música de cámara en directo. Día 13: Miguel Ángel Navarro (violonchelo), J. Rodríguez (piano). Obras de Mozart, Cassado, Shostakovich.

CINES

SESIÓN NUMERADA

Arlequín. (4) / ☎ 247 31 73 / San Bernardo, 5 (semiesquina a Gran Vía); Centro / *Metro* Santo Domingo.
—**El último emperador.** Dirigida por Bernardo Bertolucci. Con John Lone y Peter O'Toole. Galardonada con nueve *oscars*. Autorizada para todos los públicos. Pases película: laborables, 7 y 10.15; sábados y festivos, 4, 7 y 10.15.
Benlliure. (3) / ☎ 276 24 50 / Alcalá, 106; Salamanca / *Metro* Goya.
—Harrison Ford en **Frenético.** Un filme de Roman Polanski. Para todos los públicos. 4.30, 7.15 y 10.15.
Carlos III. (2) / ☎ 276 36 81 / Goya, 5; Salamanca / *Metro* Serrano.
—**Soldadito español.** ¡Divertidamente feroz! Maribel Verdú, Luis Escobar, José Luis López Vázquez, Francisco Bas. 4.30, 7 y 10.

SESIÓN CONTINUA

Aragón. (3) / ☎ 267 54 52 / Alcalá, 334; C¹ dad Lineal / *Metro* Pueblo Nuevo.
—**Cuando fui mayor** y **Cocodrilo dundee** Toleradas. 4.30.
Cinestudio Falla. (3) / ☎ 228 17 10 / Col giata, 9 / *Metro* Tirso de Molina.
—**Tres hombres y un bebé,** 5 y 8.30. Lo **academia de policía V: operación Mial Beach,** 6.50 y 10.15. Continua, 5. Hoy, vie nes, día del espectador, precios reducido
Infantas. (2) / ☎ 222 56 78 / Infantas, 2 Centro / *Metro* Banco.
—**El festín de Babette.** Oscar 1988 a la mej película extranjera. Continua, 4.40. Pase película: 4.45, 6.35, 8.25 y 10.15.

VERSIÓN ORIGINAL SUBTITULADAS

Alphaville 3. (1) / ☎ 248 72 33 / Martín de los Heros, 14; Centro / *Metro* Plaza de Es paña.
—**The dead (Dublineses),** de John Huston (EE UU, 1987). 4.45, 6.45, 8.45 y 10.45.
Bellas Artes. (2) / ☎ 522 50 92 / Marqués de Casa Riera, 2. Centro / *Metro* Banco.
—**Los sobornados (The big heat),** de Fritz Lang. Con Glenn Ford, Gloria Grahame, Lee Marvin. 11ª semana. Continua, 5.30. Pases: 5.30, 7.15, 9 y 10.45.

SALAS 'X'

Sala "X". (1) / ☎ 401 44 78 / Fuente del Berro, 29 (frente al Palacio de Deportes) / *Metro* Goya.
—**Con sexo y vino se anda el camino.** ¡Otra película *porno* erótica! V. O. norteamericana, subtitulada en español. Mayores 18 años. Continua, 11 mañana. Último pase: 10.30 noche. Sala de estrenos exclusivos.

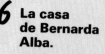

GHOULIES. 1985. 1 h. 25 m. **Paraíso. Fantástica.** USA. Dir.: Luca Bercovici. Con Peter Liapis, Lisa Pelikan y Keith Joe Dick. Un joven recibe como regalo por su cumpleaños una mansión encantada que comienza a explorar en compañía de una amiga. Durante la inspección libera a unos extraños personajillos, mitad traviesos y mitad perversos, que permanecen ligados por un hechizo al viejo propietario de la casa. Mayores 13 años. **Carlos III, Consulado, Garden, Liceo, Roxy A, Velázquez, Versalles** y **Victoria.**

TEEN WOLF. 1985. 1 h. 33 m. **CB. Comedia.** USA. Dir.: Ron Daniel. Con Michael J. Fox, James Hampton y Susan Ursitti. Un adolescente bastante soñador y que juega al baloncesto descubre paulatinamente que se está produciendo una mutación en su cuerpo que le hace todopoderoso en el deporte e irresistible con las chicas. Al final deberá decidir entre volver a su natural timidez y ser él mismo o seguir poseyendo esa personalidad de triunfador. Tolerada. **La Vaguada M-2** y **Sainz de Baranda.**

LA SOGA («The rope»). 1948. 1 h. 20 m. **CIC. Suspense.** USA. Dir.: Alfred Hitchcock. Con James Stewart, Farley Granger y John Dall. Dos jóvenes pertenecientes a la alta sociedad asesinan a un compañero para demostrar que existe el crimen perfecto. Tolerada. **Príncipe Pío.**

SOLO PARA SUS OJOS («For your eyes only»). 1981. 2 h. 7 m. **CB. Aventuras.** USA. Dir.: John Glen. Con Roger Moore, Carole Bouquet y Topol. El agente secreto James Bond debe solucionar el misterio de la desaparición de dos arqueólogos marinos que intentaban el rescate de un barco electrónico del servicio de espionaje de la Marina británica. Tolerada. **Multicine Pozuelo** (lun. a juev.).

6 La casa de Bernarda Alba.

TEATROS

Alfil. ☎ 521 64 54, 521 42 96 / *Pez*, 10; Centro / *Metro* Noviciado y Callao / Aparcamiento: Tudescos.
—**Wim Mertens.** Viernes 7, 10 noche, último concierto. Prorrogado.
—Estreno día 10. Bufons presenta, días 10 al 16, el espectáculo **Concierto en do mayor para piedras y señales de tráfico.** Funciones: 10.30 noche.
—**Kuenca** (danza blanca). Días 17, 18 y 19, a las 10.30.

Cómico. (3) / ☎ 227 45 37 / *Paseo de las Delicias*, 41 / *Metro* Palos de Moguer / Dirección: M. Lusarreta.
—Hoy, 7 y 10.30. Gran debut de la Compañía de Comedias de Quique Camoiras, conmemorando sus bodas de oro con la escena, presenta la comedia original de A. Paso y E. Sáez **¡Qué solo me dejas!** Con Fernando Sancho, Josefina Rufet, Mayte Pardo, Alberto Sola, Rafael Ramos de Castro, Silvia Gambino, Martín Jara, Soraya Fretre y Luis Saldaña. Dos horas de auténticas carcajadas. Quique Camoiras es la risa garantizada.

Fígaro. (4) / ☎ 239 16 45 / *Doctor Cortezo*, 5; Centro / *Metro* Tirso de Molina / Climatizado.
—**Ay, Carmela.** Después del gran éxito en el Festival Iberoamericano de Bogotá y en el Festival Internacional de Caracas, ahora en Madrid, presentado por el Festival de Otoño. *Ay, Carmela,* de José Sanchís Sinisterra. Verónica Forqué, Manuel Galiana, **Carmela y Paulino, variedades a lo fino.** Un espectáculo dirigido por José Luis Gómez, Premio Nacional de Teatro 1988. Horario funciones: lunes, miércoles, jueves y domingos, 7.30 tarde. Viernes y sábados, 7 tarde y 10.45 noche. Martes, descanso. Venta anticipada de localidades, de 11.30 a 1.30 y de 5 tarde en adelante. Precios, de 800 a 1.400 pesetas.

Sala El Mirador. ☎ 239 57 67 / *Doctor Fourquet*, 31 / *Metro* Lavapiés / Concertada con el INAEM. Teatro Estable Marionetas.
—Próximamente, La Tartana Teatro con **La flauta mágica,** de Mozart.

Algo más

Boceto de García Lorca para el decorado del tercer acto de «La casa de Bernarda Alba».

García Lorca es, sin duda, el escritor español del siglo XX más conocido mundialmente. Escribió poesía, prosa y teatro. «La casa de Bernarda Alba», junto con «Bodas de sangre», son sus obras más importantes.

La casa de Bernarda Alba

Tercer acto

Cuatro paredes blancas ligeramente azuladas del patio interior de la casa de Bernarda. Es de noche. El decorado ha de ser de una perfecta simplicidad. Las puertas iluminadas por la luz de los interiores dan un tenue fulgor a la escena.
En el centro, una mesa con un quinqué, donde están comiendo Bernarda y sus hijas. La Poncia las sirve. Prudencia está sentada aparte. Al levantarse el telón hay un gran silencio, interrumpido por el ruido de platos y cubiertos.

Fragmento de los apuntes para la escenografía.

13

No me dice nada

1 No estoy de acuerdo. 📼

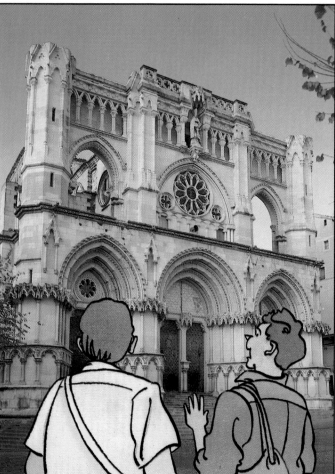

- Me encanta, ¿a ti no?
- Pues... a mí, no tanto.
- ¿No te parece fantástico?
- La verdad... no me dice gran cosa.
- ¿Por qué dices eso si es precioso?
- Qué quieres que te diga... no lo entiendo.

- Bueno, ¿qué te ha parecido?
- Una maravilla, preciosa.
- La verdad es que todas las catedrales góticas son una joya artística, ¿no crees?
- Sí, estoy completamente de acuerdo.

2 ¿Con qué nombre se conocen estas obras?

¿A cuál corresponde la información?
Compare con su compañero/a.

David
Rey y reina
La tentación de San Antonio
Susana y los viejos

Escultura de Henry Moore. Se encuentra en el Parque Middelheim de Amberes (Bélgica).
Esculpida por Miguel Ángel en 1501. Se encuentra en Florencia.
Pintado por Dalí. En el Museo Real de Bellas Artes de Brujas (Bélgica).
Por Pedro Pablo Rubens. En el Museo Real de la Academia de Bellas Artes de San Fernando (Madrid).

3 ¿Coincide con su compañero/a?

Elija la obra artística que más le gusta del ejercicio 2 y coméntela con su compañero/a.
Hagan lo mismo con la que menos les gusta.

Use lo que sabe

Algo más

5 **¿Qué es lo mejor de su país?**

¿Está de acuerdo su compañero/a?

«*Una de las cosas más agradables de España son los palillos de dientes. Uno puede usarlos públicamente con total tranquilidad y placer pues nadie se sentirá asombrado o avergonzado. Aún más, es una costumbre pasear por la calle con uno entre los dientes.*»

Ian Gibson, en la revista *Lookout,* marzo 1988 (traducción libre).

6 **Exposición universal.**

EXPOSICION INTERNACIONAL

BARCELONA

Cartel de R. Bas para la Exposición Internacional de Barcelona. 1929.

La EXPO-92 de Sevilla tiene tres antecedentes españoles: Barcelona, 1888, Madrid, 1894 y nuevamente Barcelona, en 1929.
Esta última es considerada como un intento por parte de la ciudad de superar la crisis económica producida por la primera guerra mundial, intento que sólo en parte alcanzó sus objetivos.

- Cuenca es una ciudad de cuento, ¿no te parece?
- Pues, no sé qué decirte; en cierto modo, sí. Pero creo que me ha decepcionado un poco.
- ¡Cómo decepcionado! ¿Qué esperabas?
- No sé. Creo que no se puede comparar con Granada o con Sevilla, por ejemplo.
- ¡Ah, pues yo creo que sí!

4 **¿De acuerdo?**

Decida su grado de acuerdo o desacuerdo con las siguientes afirmaciones.
Luego compare con su compañero/a.

DALÍ ES EL MEJOR PINTOR DE LA HISTORIA DEL ARTE.

Sólo dos cosas valen la pena en la vida: las mujeres y la tortilla de patatas.

NOS ENCAMINAMOS HACIA UNA CATÁSTROFE NUCLEAR.

¿Los toros? El único espectáculo del mundo al que se le puede llamar realmente cultura popular.

Resumiendo

Compartiendo valoraciones y/u opiniones

- **Para expresar una opinión y solicitar la de otra persona**

  Es una maravilla, **¿no te parece?/¿no crees?**
  Me encanta, **¿a ti no?**
  No me dice nada, **¿y a ti?**

- **Para expresar acuerdo**

  Estoy (completamente) de acuerdo.
  A mí también./A mí tampoco.

- **Para expresar desacuerdo**

  A mí no./A mí sí.
  Ah, pues yo creo que sí/no.

  La verdad ...
  Qué quieres que te diga ...
  En cierto modo sí, pero ...
  No sé qué decirte ...

14

¿Te acuerdas?

1 ¡Cómo ha cambiado! ▭▭

▲ Televisión ● Ella ■ Él

▲ Vamos a entrevistar al señor Carretero, director de promoción de Tabacalera Española S.A. Señor Carretero, ¿no cree usted que fumar perjudica la salud?

■ Anda, mira. Pero si a ese le conozco yo.

● ¿Sí? ¿Quién es?

■ Marcelo Carretero. Estuvimos juntos en el Movimiento de Defensa de la Naturaleza.

● ¿En el MODENA? Pero, ¡si es el director de ventas de Tabacalera!

■ Pues ya ves. Este chico era un radical tremendo: iba siempre en bicicleta y era vegetariano. Por supuesto, no fumaba ni tomaba alcohol. Llevaba sólo ropa de algodón porque decía que llevar ropa de cuero o de lana era un crimen contra la naturaleza.

● ¡Qué exagerado!

■ Sí, sí. Me acuerdo que una vez se fue en bicicleta a la central nuclear de Sarita y estuvo allí una semana hasta que habló con el director.

● ¿Y consiguió algo?

■ ¡Qué va! Sólo algunas promesas, ya te puedes imaginar... ¡Quién lo iba a decir! Marcelo Carretero vendiendo cigarrillos.

2 Para vivir cien años...

¿Cree usted que es importante...

...no fumar?	...no beber alcohol?
...llevar una vida tranquila?	...dormir ocho horas diarias?
...respirar aire puro?	...hacer ejercicio?
...no comer grasas?	...comer mucha fruta?

Contraste su opinión con la de su compañero/a.

3 ¡Quién fue a hablar!

Hable de la vida de esta pareja hace veinte años.
– ¿Qué costumbres tenían?
– ¿Qué cosas concretas hicieron?

4 ¡Quién lo iba a decir!

Comenten, en grupos de tres o cuatro, cómo era su propia vida hace unos años.

Cuenten al resto de la clase los hábitos de uno/a de ustedes, sin citarlo.

La clase deberá adivinar de quién están hablando.

... montaba mucho a caballo ...

MENOS COCHES MÁS BICIS

Use lo que sabe

5 ¡Los tiempos cambian!

Hablen entre todos de:

1. La vida antes del descubrimiento de la electricidad.
2. La vida antes de la televisión.

Algo más

6 Treinta y nueve años después 📼

Camilo José Cela en 1948 y en 1984, en compañía de Oteliña, su choferesa. Cela fue, en 1989, el quinto español Premio Nobel de Literatura.

Mi **Viaje a la Alcarria** (...) lo había hecho, un pie tras otro, en junio de 1946, (...) Yo era un hombre joven, alto y delgado, según se lee en el primer capítulo del libro. Desde aquel tiempo han pasado treinta y nueve años y ahora me apresto a repetir la excursión y a pergeñar mi **Nuevo viaje a la Alcarria** (...) Ahora ya no soy joven sino viejo, años (...) sigo en la misma estatura de entonces, pero engordé más de la cuenta, eso sí, engordé cuarenta kilos largos, y estoy fondón y más torpe de movimientos de lo que quisiera y fuera menester. Con estos años y estas arrobas a cuestas, o a rastras, el paseo no he de repetirlo a mero pinrel, como cabe pensar, sino en más reconfortadora, saludable y placentera circunstancia: en Rolls, que es automóvil sólido y de fundamento, y con Oteliña al volante, choferesa que semeja un cometa volando y es tan segura en sus airosas fidelidades como en sus gráciles infidelidades.

De la dedicatoria de
Nuevo viaje a la Alcarria.
(1987)

Resumiendo

Para hablar del pasado

Acciones habituales:

Antes **jugaba** al tenis y **hacía** más deporte.
Cuando era joven **leía** y **escribía** mucho.
De niño **cantaba** en un coro.

Acciones no habituales:

Aquel verano **hice** un viaje por España
y **conocí** a mucha gente.
En el 81 **leí** por primera vez «Hamlet».
A los dieciocho años **participé** en un
concurso de literatura y lo **gané**.

15

1 ¡Qué barbaridad!

2 Cuente a su compañero/a estas noticias.

EL INOCENTE

El cantante Julio César decide dejar el mundo de la canción

«Quiero dedicarme por completo a lo mío: la política», afirmó.

El Presidente de Green Peace muerde a un perro

«Fue en legítima defensa: quería robarme mi bocadillo de jamón», alegó.

Reunión de dictadores de todo el mundo en Cinco Casas

«A ver si así nos hacen más caso», declararon.

Fancy Digan ingresa en el hospital con una pulmonía

Se cayó a la piscina cuando intentaba salvar a su pato favorito: Donald.

¿Pueden ustedes inventar alguna noticia más?

Use lo que sabe

5 El ocio de hoy se llama televisión.

...la televisión nos vuelve pasivos, la televisión nos roba la personalidad y mata nuestra imaginación. Yo aconsejo firmemente ver poca televisión.

Y ustedes, ¿qué opinan?

● CARLOS   ■ VIOLETA   ▲ JAVIER

● Oye, ¿os habéis enterado?
■ ¿De qué?
● Esta mañana he oído por la radio que el Ayuntamiento va a prohibir la circulación de coches en Madrid.
■ ¿Qué!? ¿En serio? ¡Qué barbaridad! Pero eso no puede ser...
▲ Sí, es verdad, yo me enteré ayer por la televisión. A mí me parece muy bien...

■ ¡Claro!, ¡tú no tienes coche!
● Mira a ver qué dice el periódico.
■ A ver... aquí está... Sí, sí es verdad: «A partir de hoy, día 28 de diciembre, las calles de Madrid...»
● ¡Ah, claro! ¡No me digas más! ¡28 de diciembre!
■ ¿Qué pasa?
● Pues... ¡que es una inocentada!

3 ¿Qué ponen hoy?

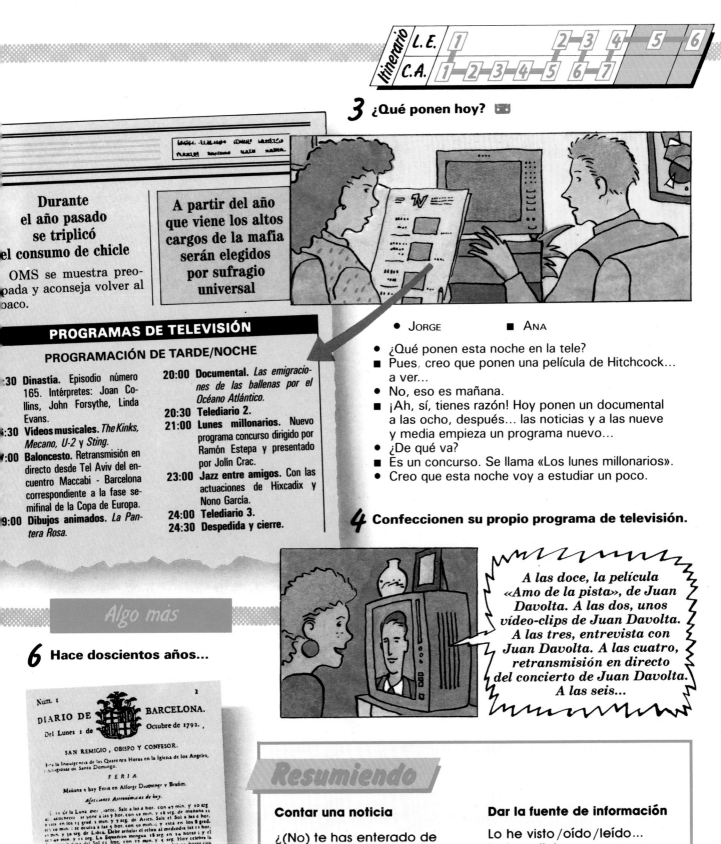

Durante el año pasado se triplicó el consumo de chicle

OMS se muestra preo-
pada y aconseja volver al
baco.

A partir del año que viene los altos cargos de la mafia serán elegidos por sufragio universal

PROGRAMAS DE TELEVISIÓN

PROGRAMACIÓN DE TARDE/NOCHE

:30 Dinastía. Episodio número 165. Intérpretes: Joan Co-
llins, John Forsythe, Linda Evans.

:30 Vídeos musicales. *The Kinks, Mecano, U-2* y *Sting.*

:00 Baloncesto. Retransmisión en directo desde Tel Aviv del encuentro Maccabi - Barcelona correspondiente a la fase se-
mifinal de la Copa de Europa.

9:00 Dibujos animados. *La Pan-tera Rosa.*

20:00 Documental. *Las emigracio-nes de las ballenas por el Océano Atlántico.*

20:30 Telediario 2.

21:00 Lunes millonarios. Nuevo programa concurso dirigido por Ramón Estepa y presentado por Jolín Crac.

23:00 Jazz entre amigos. Con las actuaciones de Hixcadix y Nono García.

24:00 Telediario 3.

24:30 Despedida y cierre.

● JORGE   ■ ANA

● ¿Qué ponen esta noche en la tele?
■ Pues, creo que ponen una película de Hitchcock...
  a ver...
● No, eso es mañana.
■ ¡Ah, sí, tienes razón! Hoy ponen un documental
  a las ocho, después... las noticias y a las nueve
  y media empieza un programa nuevo...
● ¿De qué va?
■ Es un concurso. Se llama «Los lunes millonarios».
● Creo que esta noche voy a estudiar un poco.

4 Confeccionen su propio programa de televisión.

A las doce, la película «Amo de la pista», de Juan Davolta. A las dos, unos vídeo-clips de Juan Davolta. A las tres, entrevista con Juan Davolta. A las cuatro, retransmisión en directo del concierto de Juan Davolta. A las seis...

Algo más

6 Hace doscientos años...

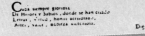

Núm. 1   1
DIARIO DE BARCELONA.
Del Lunes 1 de   Octubre de 1792.

SAN REMIGIO, OBISPO Y CONFESOR.

El «Diario de Barcelona» es el periódico español más antiguo.
Su primer número apareció el 1 de octubre de 1792.

Resumiendo

Contar una noticia

¿(No) te has enterado de
que...?
¿Sabes que...?

Reaccionar ante una noticia

¡No me digas!
¡Qué barbaridad/horror/bien/
suerte...!
Eso no puede ser...

Dar la fuente de información

Lo he visto /oído /leído...
Lo han dicho por...
Lo ha dicho...
Me he enterado por...

**Hablar de la programación
de la televisión**

–¿Qué ponen... ?
–Ponen...

16

¿Cómo va todo?

1 Su memoria.

Sitúese en estas escenas. ¿Qué pasaba en cada una?

¿Qué deciden hacer Carmen y Paco?

¿Dónde están las personas que miran el cuadro? ¿Cómo es esta ciudad?

¿De qué habla la pareja que mira la televisión?

¿Qué noticia comentan Javier y Violeta?

2 Su sentido crítico.

Formen jurados de cuatro o cinco personas y elijan la que consideran la mejor película de todos los tiempos.

Después, cada jurado presenta su película, exponiendo sus razones.

Finalmente, se hace una votación y se decide qué película se considera la mejor.

3 Sus dotes narrativas.

¿De qué trata?

Elija una película entre las presentadas por los jurados en el ejercicio anterior.

Cuéntela, pero sin decir el título pues sus compañeros/as deben averiguarlo.

4 Su sagacidad.

Cuente a su compañero/a una breve historia de su vida e introduzca en ella alguna mentira.

Su compañero/a deberá descubrir cuál es la mentira.

5 Su capacidad de convicción.

¿Cuál cree usted que es el país más artístico de Europa?

Anote algunos argumentos e intente convencer a sus compañeros/as.

6 Sus dotes periodísticas.

7 Su oído. 📼

¿Cuáles son las noticias de hoy?

Compare con su compañero/a.

≡ ¿CÓMO VA TODO? ≡

Elaboren el periódico del curso de español.

Hablen de profesores, alumnos, temas tratados... y léanlo.

8 Su fantasía.

Invente con su compañero/a una historia en la que de alguna manera se recojan las siguientes imágenes.

- **Comparen su historia con la de otros/as compañeros/as.**

¿Cómo va todo? 4

¿Cómo va todo?

Conociendo España

1 Nuestro cine.

Desde el año 1983, cuando entró en vigor el «decreto Miró» sobre protección del cine español, la situación de la industria cinematográfica ha cambiado mucho. Hasta ese momento la producción anual española superaba las cien películas. Hoy, aunque ese número ha bajado a cincuenta, el número de espectadores ha aumentado en un diez por ciento y en la temporada del 87 hubo un millón de espectadores más que en la anterior. A pesar de la dura competencia del vídeo, el cine español está en auge.

«El Dorado»

«El amor brujo»

«El Lute»

«Mujeres al borde de un ataque de nervios»

«La vaquilla»

¿CUÁNTAS VECES VA USTED AL CINE?	
Menos de seis veces por año	23
Seis veces por año	19
Una vez por mes	40
Dos veces por mes	65
Tres veces por mes	71
Una vez por semana	183
Dos veces por semana	128
Más de dos veces por semana	71

¿QUÉ PELÍCULAS PREFIERE?	
Americanas	316
Europeas	160
Españolas	74
Otras	50

¿EN QUÉ VERSIÓN PREFIERE LAS PELÍCULAS?	
Original con subtítulos	361
Doblada	239

¿QUÉ DETERMINA SU ELECCIÓN?	
Los directores	375
Los actores	351
Las críticas	255
Otros motivos	123
El boca a boca	54

Resultados obtenidos sobre una muestra de mil encuestas.

Fuente: *Fotogramas.* Número 1.742. Junio, 1988.

—Otro día...
El público de las butacas alborotaba. Se tiraban cáscaras de cacahuetes, bolas de papel; se llamaban a voces; los niños de las filas delanteras disparaban flechas, se insultaban o se agredían. Un acomodador, vestido de mahón, daba gritos en vano. En medio del tumulto, se oía apenas la música de un disco.
Sosegaron al apagarse la luz. En la pantalla apareció Gary Cooper, oficial de lanceros bengalíes. Cuando mató, de un tiro, a una serpiente, todos exclamaron:
— ¡Ooooooh!
Clara se había quitado el abrigo y lo mantenía doblado cuidadosamente sobre el regazo. Seguía la aventura de los lanceros con expresión apasionada, con ojos entornados y felices. También se admiró de que el protagonista matase a la serpiente, y se alegró de que Franchot Tone no muriese tan pronto.
—Los hombres ya no son así —dijo una vez, en voz

Gonzalo Torrente Ballester.
Miembro de la Real Academia de la Lengua.

Fragmento de *El señor llega,* de Gonzalo Torrente Ballester.

2 Nuestro teatro.

En la calle del Príncipe estaba el Corral de la Pacheca, que era el apellido de la propietaria de los terrenos. En este Corral se representaron las obras más importantes del Siglo de Oro.

En 1745 el Ayuntamiento adquirió los terrenos y edificó el Teatro del Príncipe, que tras sucesivas restauraciones se convirtió en el Teatro Español. En 1802 se produjo un incendio que destruyó totalmente el teatro.

En 1887 se reconstruyó cuando estaba casi en ruinas. En 1895 se abrió de nuevo al público con las grandes mejoras que introdujeron María Guerrero y Fernando Díaz de Mendoza (*).

Su historia ha estado siempre vinculada a la historia del teatro español.

(*) María Guerrero (1867-1928) y Fernando Díaz de Mendoza (1862-1930), pareja de actores españoles, fundaron la compañía de teatro Guerrero-Mendoza.

3 Nuestra prensa.

Fuente: *Anuario estadístico de El País,* 1988.

La Vanguardia

	1986	
Título	Promedio difusión	% sobre total
El País	360.398	12,76
Abc	235.107	8,33
La Vanguardia	194.553	6,89
As	153.504	5,44

AMOR NO CORRESPONDIDO

29 septiembre de 1881

Esta mañana, a la salida del tren correo para Madrid, se ha presentado en el andén de la estación un sujeto que iba en busca de su cara mitad, la cual tomaba las de Villadiego, según decía, dejándole sin blanca.

Encontróla en un coche de tercera, donde armó el escándalo hache, que dio fin con la oportuna intervención de la Guardia Civil al pedir al supuesto marido documentos justificativos, puesto que la mujer le negaba todo derecho. Resultado: que no habiendo podido exhibir cédula ni prueba alguna, marchóse ella, quedándose él maldiciendo indudablemente la expresada compañía, a pesar de serle muy cara.

¿Cómo va todo? 4

¿No te acuerdas de mí?

1 ¿Qué te cuentas?

● SANTIAGO ■ MARISA

● Pero, ¡Marisa! ¡Qué sorpresa! ¿Cómo estás?
■ ¿Ee...? Perdona, pero...
● Pero, bueno, ¿no te acuerdas de mí? Soy Santiago, Santiago Cárdenas.
■ Pues, la verdad, no caigo... El caso es que tu cara...
● ¡Sí, hombre! El amigo de Inés, ¡el asturiano! Estuvimos juntos en un albergue, en Asturias, hace ya algunos años...
■ ¡Ah, sí claro! ¡Santiago!, pues no te había reconocido. ¡Cómo has cambiado! Pero si antes estabas mucho más gordo y...
● Sí, y me he dejado barba y estoy un poco más calvo... Pues tú, en cambio, estás igual de guapa que siempre.
■ Bueno... ¡Con unos añitos más! ¡Cómo me alegro de verte! Oye, y ¿qué te cuentas? ¿Ahora vives en Madrid?
● Sí, desde hace tres meses. Trabajo aquí, de abogado... ¿Y a ti? ¿Qué tal te va?
■ No me va mal, no me puedo quejar... ¿Qué sabes de Inés? Hace años que no la veo...
● Creo que por fin se marchó a Inglaterra y le va muy bien, trabajando...

2 El mundo es un pañuelo.

Decida con sus compañeros/as quién es quién e imaginen el encuentro en el Metro.

3 ¿Es usted un buen fisonomista?

¿Quiénes son?
¿Cómo son?

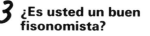

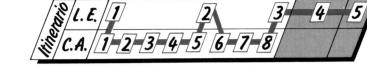

Use lo que sabe

4 **¡Cómo ha cambiado!**

Describan entre todos estas fotos.
Hablen de los cambios que se han producido.

¿Qué otros cambios creen ustedes que ha habido en Madrid desde entonces?

Algo más

5 **Ni tanto ni tan calvo.**

¿Es así como le gustaría verse delante de un espejo?

Si no es así, no espere más. El centro DOCTOR JEKYLL tiene la solución para usted.

Visítenos. Tenemos más de cien años de experiencia en la lucha contra la calvicie y queremos que usted se beneficie de nuestros conocimientos.

No deje pasar esta oportunidad.

Calvo como una bola de billar.

LA OCASIÓN LA PINTAN CALVA.

Resumiendo

Para refrescar la memoria

¿No te acuerdas de ... ?

Para interesarse por alguien

¿Cómo estás ... ?
¿Qué te cuentas?
¿Qué es de ... ?
¿Qué tal te va?

Para expresar alegría y sorpresa

¡Qué sorpresa!
¡Qué casualidad!
¡Cuánto tiempo sin verte!
¡Cuánto me alegro!

Para expresar cambios físicos

Estás mucho más ...
Has engordado ...
Te has dejado ...
¡Cómo has cambiado!
¡No has cambiado nada!

Me cae muy bien

1 Tú eres nuevo aquí, ¿verdad?

● Oye, tú eres nuevo aquí ¿verdad?

■ Sí. Llevo sólo tres días en esta sección. Antes estaba en «Congelados» pero no soporto el frío...

● Y ¿qué tal te va?

■ Bastante bien. Me gusta el trabajo.

● ¿Cómo te llevas con la gente de aquí?

■ Sólo conozco a Rosa, la cajera. Es un poco seria, ¿no?

● No, lo que pasa es que es tímida. Todavía no conoces al jefe de la sección ¿verdad?

■ Pues no. Me han dicho que es muy estricto, que no le gusta que lleguemos tarde...

● Bueno... tiene sus manías como todo el mundo, pero en el fondo, es una buena persona.

■ ¿Qué manías tiene?

● Pues, quiere que vayamos bien vestidos, que llevemos siempre la corbata... No soporta que perdamos el tiempo, que no cumplamos las normas...

Use lo que sabe

4 ¿Existen? ¿Son muchos?

¿Cómo son los españoles? ¿Y los alemanes? ¿Se puede hablar de carácter nacional?

- ■ ¡Vaya! Me estás asustando…
- ● No hombre, tranquilo… Ya verás. Seguro que nos llevamos bien.
- ■ ¡¡Ah, pero!! ¿Tú? Perdón, ¿usted?
- ● Sí, sí, soy yo… Encantado de conocerte. Cualquier cosa que necesites, ya sabes dónde estoy… ¡ah! y… llámame de tú.

2 Imagine con su compañero/a las conversaciones de estos personajes.

3 ¿Quién no tiene sus manías?

Escriba en un papel dos o tres cosas que no soporta o que le molestan de los demás. No escriba su nombre.
El profesor leerá todos los papeles en voz alta y la clase deberá adivinar quién ha escrito cada uno.

Me molesta que la gente use ajo para cocinar. No soporto que la gente lleve jerseys de cuello alto. Me molesta que la gente se cruce de brazos. No soporto la luz.

Algo más

5 ¿Qué le gusta de los demás?

El tenor José Carreras, tan conocido internacionalmente como los «monstruos» Plácido Domingo, Alfredo Kraus o Montserrat Caballé, es el más joven de todos ellos. A sus cuarenta años, ya ha pisado los escenarios que consagran a un cantante de ópera.

«Admiro por encima de todo a la gente que ha luchado contra la injusticia y por la libertad. Y, por otro lado, a los científicos, gente que también se da en favor de los demás. No soporto la injusticia. Lo que más me gusta de las personas es la sensibilidad. No me interesa que sean muy inteligentes o muy brillantes, sino que sean sensibles; no ya al arte, sino a la vida.»

Entrevista concedida a *El País Semanal*. Número 588. 17/7/88.

Resumiendo

Expresar gustos y manías

(No) me gusta que …
No soporto que …
Me molesta mucho que …

Para hablar de simpatía hacia otras personas

–¿Qué tal te cae … ?
–(No) me cae bien / mal / fatal / …

Para hablar de la relación con otras personas.

–¿Qué tal / Cómo te llevas con …?
–(No) me llevo bien / mal / fatal / … con …

18

¿Queréis que os ayude?

1 ¿Qué hago? 📼

■ Isabel   ✳ Luis   ▲ Cristina   ● Juan

■ Hola, chicos, ¿preparando la Nochevieja, no?
✳ Sí, ya ves.
■ ¡Qué trabajadores!
● Sí, no hay más remedio. Vamos bastante retrasados. Fíjate, ya son las siete y media.
■ ¿Queréis que os ayude?
● Eso sería fantástico.
■ ¿Qué hago?
● Mira, hay que bajar a comprar más botellas de champán porque me parece que no vamos a tener bastante.
■ Muy bien, ¿cuántas compro?
● Compra… diez.
▲ Ah, oye. ¿Te importaría, luego, echarme una mano en la cocina con los canapés?
■ Bueno… pero primero compro el champán, ¿no?
● Sí, sí, porque van a cerrar.

2 Imagine los diálogos con su compañero/a.

3 Su compañero/a está organizando una fiesta de fin de año. Ofrézcale su ayuda.

4 ¿Le importaría ayudarme? 📼

■ Sr. Ruiz   ● Sr. Stevens

■ Señor Stevens, perdone que le moleste. Verá, tengo un pequeño problema.
● Ah, pues dígame.
■ Necesito localizar urgentemente al jefe de su delegación, y no le encuentro en ningún sitio.
● No sé cómo puedo ayudarle, yo tampoco sé dónde está.
■ ¿Podría llamar por teléfono a su hotel para ver si ha dejado allí algún mensaje?
● Muy bien. No hay problema.

5 Su jefe necesita ayuda. Imagine el diálogo con su compañero/a.

Use lo que sabe

6 ¿Qué tal se les da ofrecer soluciones?

Imagine pequeños o grandes problemas.
Cuénteselos a sus compañeros/as para que busquen la mejor solución.

Algo más

7 La decoración, elemento fundamental de las fiestas.

Cuando llegamos a la plaza ya tocaban los músicos. El techo estaba adornado con flores y cadenetas de papel de todos los colores: una tira de cadeneta, una tira de flores. Había flores con una bombilla dentro y todo el techo parecía un paraguas boca abajo porque las puntas de las tiras, por los lados, estaban atadas más arriba que en el centro, donde todas se juntaban.

M. RODOREDA
La Plaza del Diamante

© Institut d'Estudis Catalans

Resumiendo

Para pedir ayuda

TÚ	USTED
–¿Te importa(ría) ayudarme?	–¿Le importa(ría) ayudarme?
–¿Podrías echarme una mano?	–¿Podría echarme una mano?
–¿Me ayudas a ...?	–¿Me ayuda (usted) a ...?

–Tengo un problema.

Para ofrecer ayuda

TÚ	USTED
–¿Puedo ayudarte (en algo)?	–¿Puedo ayudarle (en algo)?
–¿Quieres que ... ?	–¿Quiere (usted) que ... ?

19

¡Que te vaya bien!

1 ¿Qué pensáis hacer? 💬

▲ PEDRO   ● LAURA   ■ SARA

▲ Bueno, ya se acabó el curso. ¿Qué pensáis hacer ahora?
● Yo me voy de vacaciones. Cuando vuelva voy a empezar a trabajar en un hotel, de recepcionista.
■ Ah, qué bien. Yo pienso cambiar de trabajo.
▲ ¿Ah, sí? ¿Por qué?
■ No sé, quiero un trabajo más dinámico, menos aburrido.
● ¿Y ya sabes cuál?
■ No, estoy buscándolo.
● Y tú, Pedro, ¿qué vas a hacer?
▲ Nada especial. No tengo planes concretos. Eso sí, cuando tenga dinero suficiente pienso comprarme una casa, pero en un futuro lejano.
■ Bueno, entonces nos vemos mañana en la fiesta, ¿no?
▲ No, yo no voy a poder ir.
● ¿No? Qué pena... Pues nada, ¡que te vaya bien, Pedro!
▲ Gracias. Que tengáis suerte con vuestros trabajos. ¡A ver si nos vemos...!
● Claro, a ver si es verdad.

2 ¿Qué piensan hacer? ¿Cuándo?

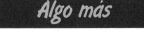

Algo más

6 Adiós con el corazón. 💬

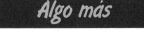

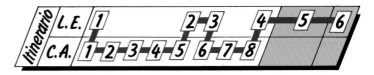

3 Pregunte a su compañero/a por sus planes e intenciones para el futuro.

4 ¿Qué les diría usted?

- ¿Y a su compañero/a? Recuerde sus respuestas a la actividad 3.

Use lo que sabe

5 **Una fiesta de despedida.**

Decidan qué van a hacer en su fiesta de despedida.

Algunas sugerencias:

- No hacer fiesta.
- Hablar de «momentos» del curso: el primer día, anécdotas, el día más divertido...
- Hablar del futuro: posibilidades, planes, seguir estudiando...
- No hablar de nada: comer, beber, reír y bailar.
- Preparar un gran cartel de despedida con tema a elegir.
- Tirar al/a la profesor/a a la piscina...
- Preparar actuaciones: dramatizaciones, canciones, bailes...
- Distribuir trabajo por equipos: recoger dinero, decorar la clase, traer comida, traer música...
- No preparar nada. La espontaneidad es lo mejor.
- Salir fuera a celebrarlo.
- Quemar los libros de FÓRMULA 2.

Resumiendo

Para hablar de intenciones

–¿Qué piensas/piensa hacer?

–Cuando ... | voy a ...
           | pienso ...

–¿Qué vas/va a hacer?

–Nada especial.

Para expresar buenos deseos

Espero que ...
Que ...

Para despedirse por un tiempo indefinido

Que tengas/tenga suerte.
Que te/le vaya (muy) bien.
A ver si nos vemos.

20

¿Cómo va todo?

Ponga a prueba...

1 Su fiesta de despedida. 📻

Escuchen y hagan lo que quieran.

Y si no quieren, no escuchen, pero hagan lo que quieran.

2 Su memoria.

Observe atentamente la ilustración durante dos minutos. Intente retener el mayor número posible de detalles de la misma.

A continuación, cierre el libro y conteste a las siguientes preguntas:

– ¿Cuántas botellas hay sobre la mesa?

– ¿Cuántas personas de «pelo blanco» hay en la fiesta?

– ¿Qué está haciendo la persona que está de rodillas?

– ¿Cuántos pósters hay en la pared del fondo?

– ¿Qué están haciendo las personas que están junto a la mesa?

¿Cómo va todo? **5**

Conociendo España

1 Paisajes.

Del Cantábrico al Mediterráneo, de los Pirineos al Guadalquivir: un país que son muchos países. El de las infinitas llanuras cultivadas del centro. El de las montañas, prados y bosques del norte. El de los desiertos y el de las fértiles huertas. El de los pescadores, el de los agricultores y el de los ganaderos. Y entre todos estos elementos, las piedras. Las piedras como huella de todas las culturas que pasaron por España y ya no son. Las de los romanos, godos, árabes, judíos y «cristianos viejos».

Un país con muchas sorpresas.

Molinos y castillos: La Mancha, «patria chica» de Don Quijote.

Andalucía, tierra de olivos, poetas y flamenco.

2 Vida y costumbres.

Fiestas, cocina, danzas, ceremonias, tradiciones... ¿Religión o superstición?, ¿crueldad o cultura?, ¿ocio o filosofía? En cualquier caso, es la realidad de este país.

La Maestranza, ► Sevilla.

▲ *Semana Santa en Sevilla.*

▲ *Boquerones en vinagre.*

3 La España de hoy.

La Proclamación de Juan Carlos I como Rey de España, el veinte de noviembre de 1975, abrió paso a la reforma política del régimen autoritario del general Franco. La Monarquía, tradicionalmente cuestionada por la izquierda española, es hoy el símbolo de la democracia y del Estado de Derecho.

Musicalmente, el producto «típico» español es y ha sido el flamenco. Pero eso no debe hacernos olvidar el gran momento dulce que atraviesa la ópera gracias a la generación constituida por Montserrat Caballé, José Carreras, Alfredo Kraus y Plácido Domingo (en la foto).

El Monasterio de Piedra.
El milagro del agua en una tierra seca.

La Mezquita de Córdoba.
Siglos de cultura árabe impregnan
el carácter de España.

La costa cantábrica, donde el mar
y la naturaleza se funden, amparando
pueblos y barcos.

Pulpo ▶
a la
gallega.

Cerámica de Níjar,
Almería.
▼

▲
Jota aragonesa.

prendiendo a torear.

Danza de la muerte,
en Cataluña.
▲

Arcos de la Frontera,
Cádiz.
▲

Paella. ▶

El cine español parece despertar últimamente de
su largo sueño. Así, directores como Saura o Al-
modóvar –aquí le vemos junto a Carmen Maura,
recogiendo el premio a la mejor película joven en
el I Premio Europeo de Cine celebrado en Berlín
el 26 de noviembre de 1988– son «mercancía»
exportable.

El deporte español nunca ha sido
muy competitivo internacionalmente. Es curioso que hayan sido
modalidades tradicionalmente mi-
noritarias las que han permitido a
España estar en el primer plano de
la atención mundial. Así, tenemos
el golf, de la mano de Severiano
Ballesteros, o, más aún, el moto-
ciclismo, deporte en el que se
consiguieron tres de los cuatro tí-
tulos mundiales de 1988. Jorge
Martínez «Aspar», en la foto, consiguió los de las categorías de 80
y 125 centímetros cúbicos.

¿Cómo va todo?   5

Textos de las casetes

UNIDAD 1: Desde hace tres meses.

L.A.: 1 - Diálogo: **¡Lo hablas muy bien!**

C.A.: 7 - **¿Por qué estudia español?**

1. ● Pues verá: estudio español porque trabajo en una compañía de construcción y tengo clientes argentinos.

2. ● ¿Yo? Porque quiero encontrar un trabajo en España.

3. ● Yo lo estudio porque todos los veranos paso mis vacaciones en la Costa del Sol.

4. ● ¿Por qué estudio español? Muy fácil: porque me gusta.

L.A.: 6 - Algo más: **Hablando de lenguas.**

UNIDAD 2: Nací en Austria.

L.A.: 1 - Diálogo: **¿Dónde estudió usted?**

C.A.: 7 - **Escuche y complete la ficha.**

Siempre he sido una mujer con suerte. Nací en un pueblo de Toledo que se llama Yepes. Estudié en un colegio de Yepes y cuando terminé, a los catorce años, me fui a Madrid y allí trabajé durante dos años en la cafetería de un gran teatro. Pero un día, un famoso director de teatro me vio y me hizo unas pruebas y me contrató para su nuevo espectáculo. Así empecé mi carrera teatral. Ahora soy una gran actriz.

UNIDAD 3: ¿Brutas o netas?

L.A.: 1 - Diálogo: **¡Hay que celebrarlo!**

C.A.: 5 - **Escuche y complete las notas.**

● Y usted dice que no ha visto nada raro...

■ Nada, señor comisario... Verá. Hoy, como todos los días, he salido de casa muy temprano..., a las siete. He cogido el autobús y he llegado a la oficina a las ocho. He trabajado hasta las tres. Entonces he comprado algunas cosas en el supermercado y he llegado a casa a las cuatro. Luego, a las cinco, he tenido que salir a casa de mi madre. Está enferma, ¿sabe? A las nueve he vuelto a casa y me he encontrado todo este follón.

UNIDAD 4: Antes trabajaba menos.

L.A.: 1 - Diálogo: **Antes trabajaba menos.**

C.A.: 7 - **Hace cuarenta años. Escuche y escriba los nombres de cada uno y su parentesco respecto a Carlos.**

● Oye, Carlos, ¿éste eres tú?

■ Sí, cuando tenía dos meses.

● ¿Y los otros?

■ Bueno, pues están mi abuelo Joaquín y mi abuela Carmen; está mi tío Roberto, que como se ve era un gran deportista: jugaba al tenis, nadaba, hacía alpinismo, ... Este otro es mi tío Nicolás, que era botánico y se pasaba el día entre las plantas. Y luego, mis padres.

¿Cómo va todo? 1

L.A.: 2 - **Ponga a prueba... su oído. Escuche y tome nota de las razones de estas personas para estudiar español.**

● Bueno, yo me llamo Hans, Hans Voller, y soy alemán, de Francfort. Estoy jubilado y estudio español porque quiero vivir en España, en la Costa de la Luz.

■ Yo soy Cristina Mazzotti. Soy suiza. Vivo en Bellinzona y allí trabajo como intérprete de alemán e italiano. Estoy estudiando español porque quiero traducir también este idioma.

▲ Mi nombre es Robert Hunter. Soy inglés, de Birmingham. Allí trabajo como director de relaciones comerciales de una compañía de alimentación. Nuestras relaciones con Sudamérica son cada día más fuertes y ésta es la razón por la que estoy aquí. Creo que es muy importante hablar el idioma de nuestros clientes.

UNIDAD 5: No es lo que queríamos.

L.A.: 5 - Diálogo: **Nos cambiamos de casa.**

C.A.: 6 - **Escuche y tome notas.**

Ahora tiene su gran oportunidad. Este maravilloso piso, magníficamente situado en el centro de la ciudad. Con tres dormitorios, un salón comedor, dos cuartos de baño, cuarto de estar, gran cocina, dos terrazas. Además, puede usted disfrutar de una fantástica piscina. Y, no lo olvide, dos ascensores, calefacción central, garaje. Esto es lo que quería, ¿verdad?

UNIDAD 6: ¿Qué estás haciendo?

L.A.: 1 - Diálogo: **Hay que hacer la comida.**

C.A.: 8 - **¿Qué están haciendo?**

Efectos especiales:

1. Sonido de martillazos, interrumpidos por un brusco: ¡AAAAY!
2. Ruido de personas comiendo.
3. Ruido de televisión (retransmisión de un partido de fútbol).
4. Sonido de timbre de puerta.
5. Sonido de persona hablando por teléfono.
6. Sonido de persona fregando los platos.

UNIDAD 7: Hace buen tiempo.

L.A.: 1 - Diálogo: **Al Norte.**

C.A.: 5 - **El pronóstico del tiempo. Escuche y complete el mapa con los símbolos adecuados.**

Para mañana esperamos sol y mucho calor en todo el centro, Este y Sur.

En el Oeste tendremos algunas nubes y fuerte viento.

En el Norte, también soplará el viento y habrá bastante riesgo de lluvia. Las temperaturas, bajas.

C.A.: 8 - **Observe la isla del ejercicio 6, siga las instrucciones y encontrará el tesoro del pirata. Marque el lugar.**

Para llegar hasta el tesoro, partir de la playa y dirigirse hacia el Norte a través del bosque. Al llegar a la montaña, girar hacia el Este hasta encontrar un lago. En el punto donde el río sale del lago se encuentra el tesoro.

L.A.: 6 - Algo más: **Sabiduría popular.**

UNIDAD 8: Cierra la maleta.

L.A.: 1 - Diálogo: **Sólo nos falta la playa.**

C.A.: 7 - **Escuche y conteste según el modelo.**

- ¿Meto la jaula para tigres?
- Sí, sí. Métela.

- ¿Abro la ventana?
- ¿Cojo los billetes?
- ¿Cierro la maleta?
- ¿Traigo la cámara?
- ¿Meto los libros?
- ¿Cojo el bañador?

¿Cómo va todo? 2

L.A.: 3 - **Ponga a prueba... su oído. Usted y sus compañeros o compañeras ya han elegido sitio. Escuchen las ofertas de alojamiento de esta agencia turística. Tomen nota.**

La máxima preocupación en Interturista es atenderle a usted, que quiere disfrutar unas vacaciones como se merece. Por eso nuestras ofertas están pensadas para satisfacer cualquier necesidad que usted pueda tener.

Así, le ofrecemos: habitaciones de hotel con todas las comodidades, terraza, piscina, restaurante, sala de fiesta...

Cómodos apartamentos con dos y tres camas, cocina y garaje.

Lujosos chalés con dos, tres y cuatro dormitorios. Con jardín en el que usted podrá disfrutar de piscina o pista de tenis, a elegir.

Rústicas casas de pueblo para los amantes del sabor popular: con dos o tres dormitorios y amplia cocina y salón.

UNIDAD 9: ¿Me podría decir...?

L.A.: 1 - Diálogo: **Perdone, ...**

C.A.: 9 - **Escuche y apunte los datos.**

- Buenos días.
- Buenos días. ¿Me podría decir dónde está el hotel Medina?
- Sí, está en el centro. En la calle Juanelo.
- ¿A qué distancia, por favor?
- Muy cerca de aquí, a unos diez minutos andando.
- Gracias. Otra cosa. ¿Sabe dónde puedo coger los autobuses para Toledo?
- Sí. En la estación Central.
- Y ¿cuánto cuesta el billete?
- Sí, un momento...; son 600 pesetas ida y vuelta.
- ¿A qué hora abren la estación?
- Está abierta todo el día. Para ir allí coja el metro hasta Palos del Interior, en la línea dos.

UNIDAD 10: ¿Qué desea?

L.A.: 1 - Diálogo: **¿No tienes otros más anchos?**

C.A.: 9 - **Escuche y anote las características de la compra.**

- Quería una minifalda.
- ¿Cuál es su talla?
- La 42.
- Tengo ésta gris de algodón que se vende mucho.
- Yo la quería de cuero.
- ¿Qué le parece ésta negra?

- Ah, muy bonita. ¿Me la puedo probar?
- Sí, claro.
- Me está muy bien. Me la llevo. ¿Cuánto es?
- 13.990.
- También quería un sombrero.
- No. Sombreros no tenemos.
- ¿Y pañuelos?
- Sí. ¿De seda, algodón...?
- De seda.
- Tenemos éstos grandes de seda natural y éstos pequeños de seda sintética.
- Me gusta éste azul de seda natural. ¿Cuánto cuesta?
- 2.320.

UNIDAD 11: Queríamos reservar...

L.A.: 1 - Diálogo: **¿Podría usted...?**

C.A.: 8 - **Escuche y tome notas.**

- Quería reservar dos habitaciones dobles para el año que viene.
- ¿Para qué mes?
- Para julio.
- No hay problemas.
- Ah, también quería poner un telegrama a Roma.
- No, eso en la oficina de Correos.
- Tenemos un montón de ropa que queríamos lavar y planchar.
- Su habitación es la 19, ¿no?
- Sí.
- Esta tarde pasarán a recogerla.
- Ah, otra cosa. Mañana nos vamos a las seis y media, ¿pueden despertarnos a las seis?
- Sí, no se preocupe.

UNIDAD 12: Oiga, esto está frío.

L.A.: 1 - Diálogo: **Oiga, esto está frío.**

C.A.: 5 - **Escuche y complete la hoja de reclamaciones.**

- El día de Navidad estuve en el bar La Loma.
- Ah, el de la calle La Espada.
- Sí, ése. Es horrible. La cerveza caliente, el camarero no escucha, las patatas bravas frías, los servicios sucísimos, la barra mojada y los precios no coinciden con los de la lista de precios. Desde luego, no volveremos más.

¿Cómo va todo? 3

L.A.: 3 - **Ponga a prueba... su oído. Escuche y tome nota de las ofertas de estos grandes almacenes y de la planta en la que están.**

El Conde Inglés le ofrece esta semana una fabulosa oferta de los géneros más variados.

En la planta tercera, encontrará todo tipo de ropa y calzado de invierno con un 20 % de descuento.

En la planta baja, nuestro supermercado le ofrece una variadísima gama de productos alimenticios a precios de risa.

En la planta sexta, encontrará nuestra sensacional oferta «llévese dos libros y pague uno solo».

En la planta séptima, podrá comprar lo mejor y lo más novedoso en cuanto a material deportivo a unos precios muy ventajosos.

UNIDAD 13: ¿Qué hacemos esta tarde?

L.A.: 1 - Diálogo: **Ya la he visto...**

C.A.: 7 - **Escuche y escriba la crítica de estas películas.**

Hola, amigos, buenas tardes, les habla Marga Taquilla, su locutora favorita de «Radio Cine». Como todos los viernes, vamos a hablarles de las películas que están en cartelera.

«Los hermanos Caravaca», en el cine Rollo: Muy floja, la película intenta ser graciosa, pero más bien hace llorar.

«La decisión de Lolín», en el cine Cartago. Interesante. Los amantes del gran director alemán Eberhardt Weinmer tienen una buena oportunidad de ver una de sus obras principales.

«Tú vencerás», en el cine La Estrella. Tiene algunas cosas, como la música o la gran actuación de la actriz Susan Ryan. Lo demás, aceptable.

«El regreso de la tartera rosa», en el Infantas. Sin duda la película de la semana. No se la pierdan. El gran maestro de la risa Peter Sellthem en su época dorada.

UNIDAD 14: No me dice nada.

L.A.: 1 - Diálogo: **No estoy de acuerdo.**

C.A.: 7 - **Escuche y escriba el número del diálogo que ha escuchado.**

1. - Creo que aquí están las mejores pinturas del mundo.
   - Hombre, pues no sé. Sí, algunas de las mejores, sí, pero faltan cuadros muy importantes.

2. - No me gustan los colores de la ropa, ¿y a ti?
   - No. A mí tampoco. En cambio, mira la expresión de la cara. Es fantástica.
   - Sí, es una maravilla.

3. - Creo que no hay otro como él.
   - ¡Qué exageración! Para mí, no tiene nada de especial.
   - Pero ¿qué dices? Si es un genio.
   - ¿Un genio? Creo que no entiendes nada de pintura.

UNIDAD 15: ¿Te acuerdas?

L.A.: 1 - Diálogo: **¡Cómo ha cambiado!**

C.A.: 3 - **Dietas. Escuche y marque.**

● Oye, ¿cómo es tu dieta?
■ Pues mira, básicamente hidratos de carbono. Es decir, muchos cereales y verduras. También fruta, ...
● ¿Y carne?
■ No. Carne y huevos, totalmente prohibidos.
● Ah, pues yo sí puedo tomar carne y huevos. Lo que no puedo tomar es alcohol ni café y nada de cereales. También puedo tomar pescado, verduras y fruta.
■ Sí, pescado yo también puedo tomar. Y también café. Pero alcohol, no.

UNIDAD 16: ¡No me digas!

L.A.: 1 - Diálogo: **¡Qué barbaridad!**

L.A.: 3 - Diálogo: **¿Qué ponen hoy?**

C.A.: 7 - **Escuche y complete.**

Señores espectadores, a continuación les adelantamos la programación de hoy lunes 5 de mayo. Esta tarde podrán ver en la primera cadena:

A las cinco, «Sobremesa», programa con entrevistas, música...

A las seis, «Avance Informativo». Con las últimas noticias que se han producido en la jornada.

A las seis y media, el programa concurso «Si lo sé no vengo».

A las siete, la serie televisiva «Los ricos también lloran», con el capítulo «Champán en la bañera».

Y para finalizar les ofreceremos un documental sobre la Selva Amazónica, a las ocho.

Después dará comienzo la programación de noche. Esperamos que sea de su agrado.

¿Cómo va todo? 4

L.A.: 7 - **Ponga a prueba... su oído. ¿Cuáles son las noticias de hoy?**

Muy buenas tardes, señoras y señores. Con ustedes «Noticias a las ocho».

Durante la tarde de ayer llegó a nuestro país procedente de Roma el secretario general de las Naciones Unidas, el peruano Javier Pérez de Cuéllar. Permanecerá en nuestro país durante 48 horas, a lo largo de las cuales se entrevistará con el presidente de las Cortes.

Están previstos para la mañana de hoy numerosos paros por todo el país, convocados por las centrales sindicales U.G.T. y Comisiones Obreras, como protesta por la política laboral del gobierno.

En baloncesto, el Barcelona se proclamó anoche campeón de Europa al derrotar al Maccabi de Tel Aviv por 87 a 85.

UNIDAD 17: ¿No te acuerdas de mí?

L.A.: 1 - Diálogo: **¿Qué te cuentas?**

C.A.: 5 - **Escuche y reaccione.**

● Pero... ¡si antes estabas más delgado!
● ¿No te acuerdas de mí?
● Oye, chico... ¡Cómo has cambiado! ¡Estás más gordo...!
● Y... ¿qué te cuentas?
● Oye y... ¿qué es de ella?

C.A.: 8 - **Escuche y marque a la verdadera Bonnie y al verdadero Clyde.**

Atención, atención, llamando a todas las patrullas de Chicago.

Les comunico que los famosísimos bandidos Bonnie y Clyde han vuelto a cambiar de imagen. Tomen nota de la nueva descripción:

Bonnie lleva ahora el pelo negro, corto y rizado. Parece más alta y más gordita.

Clyde se ha dejado barba. Lleva el pelo rubio y liso. Suele llevar gafas oscuras.

Se ruega a quien consiga reconocer a la famosa pareja lo comunique inmediatamente en jefatura. Gracias.

UNIDAD 18: Me cae muy bien.

L.A.: 1 - Diálogo: **Tú eres nuevo aquí, ¿verdad?**

C.A.: 8 - **Escuche y escriba la lista de encargos.**

● ¿Qué quiere que hagas?
■ Pues quiere que recoja un paquete en Correos, que vaya al Banco a ingresar dinero, después quiere que termine el trabajo atrasado, que hable con los electricistas, que haga fotocopias, que llame por teléfono a su mujer. También quiere que escriba algunas cartas urgentes, que compre los periódicos de la tarde, que...
● ¿Y no quiere que le laves el coche?

UNIDAD 19: ¿Queréis que os ayude?

L.A.: 1 - ¿Qué hago?

L.A.: 4 - ¿Le importaría ayudarme?

C.A.: 8 - De lunes a viernes, ¿cambia el humor? Escuche y escriba el número en el lugar correspondiente.

1. ● Perdone que le moleste. ¿Podría usted terminar este trabajo cuando tenga tiempo?

2. ● ¡Venga urgentemente a mi despacho!

3. ● ¿Puede echarme una mano con estos papeles?, por favor.

4. ● Por favor, llame por teléfono al señor López.

5. ● ¿Me ayuda con estas cajas?

UNIDAD 20: ¡Que te vaya bien!

L.A.: 1 - Diálogo: ¿Qué pensáis hacer?

C.A.: 5 - Escuche y escriba el nombre. Después, complete el cuadro.

Todo el mundo tiene proyectos para este año. Juan va a ir a perfeccionar su inglés a Londres cuando acabe el curso. María va a hacer un viaje a Rusia en cuanto le den el visado. Luis va a irse a Barcelona cuando se case. Además Lola va a hacer un curso en la Universidad de verano de Santander cuando le den las vacaciones. ¿Y yo? ¿Qué voy a hacer yo?

L.A.: 6 - Algo más: **Adiós con el corazón** (canción popular).

Adiós con el corazón
que con el alma no puedo.
Al despedirme de ti,
al despedirme me muero.

Tú serás el bien de mi vida,
tú serás el bien de mi alma.
Tú serás el pájaro pinto
que alegre canta por las mañanas.

¿Cómo va todo? 5

L.A.: 1 - Ponga a prueba... su fiesta de despedida. Escuchen la cinta y hagan lo que quieran. O si no quieren, no escuchen la cinta y hagan lo que quieran.

Bien. Llegó el momento de la despedida. Llegó el momento de la fiesta. Si les parece bien, celebren esa fiesta que ya han preparado. Seguro que ideas no les faltan. Quizás sea el momento de simplemente beber, comer, hablar y reír. También pueden organizar concursos a su gusto. Quizás prefieran hacer una fiesta un poco más formal y, como en otros «Ponga a prueba», seguir los pasos de siempre. Si es así, ustedes pueden poner a prueba «su oído» escuchando esta cinta como lo están haciendo.

También pueden poner a prueba «su memoria» y recordar. ¿Recuerdan a una pareja que hacía las maletas para salir de vacaciones? ¿Recuerdan a una mujer austriaca que encontraba trabajo en Canarias? ¿Y a un camarero desesperado? Quizás les parezca interesante un concurso de memorias de elefante: pregúntense unos a otros para ver quién se acuerda de más cosas.

Y su «capacidad dramática», ¿qué tal anda? Si han refrescado su memoria, podrán representar alguna escena de este libro y, ¿por qué no?, cambiarle el final. O el comienzo. O todo.

Y ¿qué dicen de su elocuencia? Puede ser éste un buen momento para opinar sobre el curso, el libro, los profesores, el horario,... o cualquier otro tema, es cuestión personal. ¿Qué les parece hacer un pequeño parlamento y hablar de uno en uno? No más de cinco minutos, por supuesto.

En cualquier caso, ¡feliz fiesta! Esperamos que lo hayan pasado bien con «Fórmula 2» y que tengamos la ocasión de encontrarnos de nuevo en «Fórmula 3».

RESUMEN GRAMATICAL

En esta sección se recogen los temas gramaticales presentados y desarrollados en el Nivel 2 de FÓR-
MULA. De los contenidos del Nivel 1 sólo se recuerdan los indefinidos, los verbos y las preposiciones
por tener los cuadros expositivos un carácter integrador. Cualquier duda sobre materia ya conocida
deberá resolverse consultando el libro anterior, FÓRMULA 1.

1. INDEFINIDOS

MASCULINO	FEMENINO
alguno(s)	alguna(s)
ninguno	ninguna
mucho(s)	mucha(s)
poco(s)	poca(s)
todo(s)	toda(s)
otro(s)	otra(s)
	bastante(s)

Observaciones:

- Estas formas actúan como adjetivos –precediendo al sustantivo– o
como pronombres:

    *Somos **muchos** estudiantes en la clase.*
    *Somos **muchos** en la clase.*

- Las formas **alguno** y **ninguno** pierden la **o** cuando van delante del
sustantivo:

    *No hay **ningún** banco por aquí.*
    *No hay **ninguno** por aquí.*

- Las formas siguientes funcionan exclusivamente como pronombres:
alguien, algo, nadie y **nada.**

- Cuando las formas **ningún (ninguno/a), nada** y **nadie** van detrás del
verbo es necesaria la presencia del adverbio negativo **no** delante del
mismo:

    ***No** lo sabía **nadie**.*   ***Nadie** lo sabía.*
    ***No** podemos hacer **nada**.*   ***Nada** podemos hacer.*
    ***No** vino **ninguno** a la fiesta.* ***Ninguno** vino a la fiesta.*

2. COMPARATIVOS

A. Superioridad e inferioridad

más (...) que   menos (...) que

*Tiene **más** experiencia **que** nosotros.*
*Tu hija es **menos** alta **que** la mía.*
*Carlos estudia **más que** tú.*
*Pero se divierte **menos que** nosotros.*

Observaciones:

- Los adjetivos **grande/pequeño** y **bueno/malo** presentan las formas
comparativas siguientes:

    más grande(s)   → **mayor(es)**
    más pequeño/a(s)   → **menor(es)**
    más bueno/a(s)   → **mejor(es)**
    más malo/a(s)   → **peor(es)**

Estas dos últimas formas (**mejor** y **peor**) también se usan como
comparativos de **bien** y **mal:**

    *Juega **bien** al tenis, pero yo juego **mejor** que él.*

- La forma **menos ... que** se usa raramente, ya que se prefiere la forma
más ... que con un antónimo, en los casos en que es posible, o bien
el giro **no ... tan(to) ... como.**

    Para decir: *Es menos bonita que la tuya...*
    se suele decir: *Es **más fea que** la tuya.*
                    *No es **tan** bonita **como** la tuya.*

B. Igualdad

Para comparar **cantidades.**

Con sustantivos:

    tanto
    tanta
    tantos   ... como
    tantas

    *No tenemos **tanto** tiempo libre **como** vosotros.*
    *Tiene **tantas** vacaciones **como** su compañero.*

Con verbos:

    tanto como

    *Trabaja **tanto como** su jefe.*

Para comparar **cualidades.**

    tan ... como

    *Parece **tan** inteligente **como** ella.*

3. EL NEUTRO

Los pronombres demostrativos, posesivos, indefinidos y el artículo determinado tienen, **sólo en singular,** otra forma dis-
tinta que no es masculina ni femenina. Es la forma correspondiente al **neutro:**

ARTÍCULO DETERMINADO	DEMOSTRA- TIVOS	POSESIVOS	INDEFINIDOS
lo	esto eso aquello	lo mío lo tuyo lo suyo lo nuestro lo vuestro lo suyo	algo nada todo

Observaciones:

- El neutro se usa para significar:

    - **Conjunto inespecífico** de objetos y cualidades:

        *Nosotros queríamos **algo** diferente.*
        *Dame **lo mío**.*
        ***Esto** está frío.*
        ***Aquello** era algo fantástico.*

- **Lo + adjetivo calificativo** significa:

    a) cualidad abstracta tomada globalmente:

        ***Lo elegante** ahora es vestir deportivamente.*

    b) cualidad enfatizada:

        ***Lo más incómodo** es el horario.*
        *No sabes **lo fácil** que es esto.*

4. PRONOMBRES PERSONALES

A. Orden de los pronombres personales complemento sin preposición

El pronombre **indirecto antecede** siempre al directo.

me	
te	lo
se (le)	los
nos	la
os	las
se (les)	

Me peino el pelo. → **Me lo** *peino.*
Os envío una carta. → **Os la** *envío.*

Los pronombres **le** y **les** cambian a **se** cuando entran en combinación con **lo, los, la** o **las**.

Le pido unas aceitunas. → **Se las** *pido.*

B. Posición de estos pronombres en la frase

Los pronombres personales complemento sin preposición suelen ir **antepuestos al verbo** y separados de él:

Le *he escrito.*　　　　**Me la** *envían.*
Que **te** *vaya bien.*　　　**Te la** *puedo mandar.*

Pero **van pospuestos y unidos** al verbo:

a) de forma obligatoria, cuando el verbo va en **imperativo**
　*Pága**lo**.*　　*Despiérta**te**.*　　*Dí**selo**.*

b) de forma optativa, cuando el verbo forma una perífrasis con un infinitivo o con un gerundio, incluyendo entre éstas los tiempos compuestos continuos (verbo **estar** + gerundio).

　*Tengo que hacer**lo**.* **Lo** *tengo que hacer.*
　*Puedo mandár**tela**.* **Te la** *puedo mandar.*
　*Estoy diciéndo**selo**.* **Se lo** *estoy diciendo.*

5. ADVERBIOS

El adverbio puede acompañar...

– **al verbo**
　El concierto me gustó **mucho**.
　Trabajamos **demasiado** *en esta empresa.*

– **al adjetivo**
　El francés es **muy** *difícil.*
　Este autor suele ser **bastante** *aburrido.*

– **al adverbio**
　Vive **muy** *cerca de mi casa.*
　Habla **bastante** *bien español.*

TIPOS DE ADVERBIOS

– **de modo:** bien, mal, gratis, así, cómodamente...

– **de cantidad:** bastante, más, mucho, demasiado, menos, tan(to)...

– **de tiempo:** después, luego, pronto, temprano, hoy, ayer, mañana, todavía, siempre, antes...

– **de lugar:** detrás, delante, lejos, cerca, aquí, allá, abajo, arriba, dentro, fuera...

– **de afirmación:** sí, seguramente, ciertamente, verdaderamente, también...

– **de negación:** no, nunca, tampoco...

– **de duda:** quizás, tal vez, probablemente...

6. PREPOSICIONES

Preposiciones aparecidas en este nivel

	TIEMPO	LUGAR	PROPÓSITO	CAUSA	MATERIAL	PRECIO	MEDIO	COMPAÑÍA
a	*Abierto de 9 a 3.*	*Voy a la playa.*				*Está a 200 pesetas.*	*Voy a pie.*	
con							*Abrí con mi llave.*	*Pasea con su abuelo.*
de	*Abierto de 9 a 3.*	*Soy de Austria.*			*Una camisa de seda.*			
desde	*Trabajo desde 1981.*	*Vengo desde Zaragoza.*						
en	*En invierno hace frío.*	*Vivo en Tenerife.*					*Voy en bicicleta.*	
hacia		*Voy hacia allá.*						
hasta	*¿Hasta qué hora estás?*	*Llegué hasta Bombay.*						
para	*¿Para cuándo estará?*	*Voy para tu casa.*	*Ahorro para viajar.*					
por	*Viene por la mañana.*	*Pasea por la playa.*		*Estudio por placer.*			*Lo han dicho por la radio.*	

7. EL VERBO

A. Verbos regulares

Los verbos españoles se agrupan en tres tipos de conjugación: 1.ª **-ar** (modelo: *lavar*), 2.ª **-er** (modelo: *comer*), 3.ª **-ir** (modelo: *vivir*).

TIEMPOS SIMPLES

TIEMPO VERBAL	1.ª LAVAR	2.ª COMER	3.ª VIVIR
PRESENTE DE INDICATIVO	lavo	como	vivo
	lavas	comes	vives
	lava	come	vive
	lavamos	comemos	vivimos
	laváis	coméis	vivís
	lavan	comen	viven
PRETÉRITO IMPERFECTO DE INDICATIVO	lavaba	comía	vivía
	lavabas	comías	vivías
	lavaba	comía	vivía
	lavábamos	comíamos	vivíamos
	lavabais	comíais	vivíais
	lavaban	comían	vivían

TIEMPO VERBAL	1.ª LAVAR	2.ª COMER	3.ª VIVIR	
PRETÉRITO INDEFINIDO (INDICATIVO)	lavé	comí	viví	
	lavaste	comiste	viviste	
	lavó	comió	vivió	
	lavamos	comimos	vivimos	
	lavasteis	comisteis	vivisteis	
	lavaron	comieron	vivieron	
IMPERATIVO	lava	come	vive	tú
	lave	coma	viva	usted
	lavad	comed	vivid	vosotros/as
	laven	coman	vivan	ustedes
PRESENTE DE SUBJUNTIVO	lave	coma	viva	
	laves	comas	vivas	
	lave	coma	viva	
	lavemos	comamos	vivamos	
	lavéis	comáis	viváis	
	laven	coman	vivan	
PARTICIPIO	lavado	comido	vivido	
GERUNDIO	lavando	comiendo	viviendo	

TIEMPOS COMPUESTOS

Pretérito perfecto de indicativo: presente de indicativo del verbo **haber + participio** del verbo conjugado.

he	
has	
ha	lavado
hemos	comido
habéis	vivido
han	

Existe una **forma perifrástica del presente** que indica el desarrollo de la acción. Se forma con el **presente del verbo estar** y el **gerundio** del verbo conjugado.

estoy	
estás	
está	lavando
estamos	comiendo
estáis	viviendo
están	

LISTA DE VERBOS REGULARES APARECIDOS EN ESTE NIVEL CON LAS PREPOSICIONES QUE LLEVAN

abreviar L-U. 8
acabar C-R. 1
aclarar L-R. 2
aconsejar L-U. 16
actuar C-U. 2
admirar L-U. 12
admitir C-U. 9
afirmar L-U. 16
agredir L-R. 4
alborotar L-R. 4
alcanzar L-R. 14(*)
alegar L-U. 16(*)
alegrarse **de** L-U. 17
alojarse **en** L-R. 2
alquilar L-U. 5
ampliar L-R. 2
animar L-U. 7
apagar L-R. 4 (*)
apasionar L-R. 4
aplicar L-U. 11(*)
aprender L-U. 2
aprovechar L-R. 1
armar L-R. 4
arreglar L-U. 6

arrojar C-U. 16
asociar L-U. 6
asustar L-U. 18
averiguar L-U. 4(*)
ayudar C-R. 1
bailar L-U. 20
bajar C-R. 4
bañar C-R. 2
barrer L-U. 6
basarse **en** L-U. 13
bastar **con** L-U. 11
beber L-U. 12
beneficiar L-U. 17
buscar L-U. 5(*)

cambiar L-R. 1
caminar L-U. 14
cantar C-U. 13
casarse L-U. 2
celebrar L-U. 3
cenar L-U. 1
cesar L-U. 9
citar C-U. 1
cobrar C-U. 11

cocinar L-U. 18
coger C-U. 4(*)
coincidir **en** L-U. 14
colocar C-R. 1(*)
combinar L-U. 12
comentar L-R. 4
comer C-U. 5
comparar **a, con** C-U. 14
compartir **con** L-U. 14
comprar L-U. 14
comunicar C-U. 12(*)
conceder L-R. 1
confirmar L-U. 12
confundirse **de** L-U. 8
congelar C-U. 16
considerar L-R. 5
contestar C-U. 3
convencer **de** L-R. 2(*)
corresponder L-U. 12
creer C-U. 8(*)
cruzar L-U. 18(*)
cultivar L-R. 5
cumplir L-R. 12

deber C-R. 2
decepcionar L-U. 14
decidir L-R. 1
declarar C-U. 16
decorar L-U. 20
dedicar L-U. 1(*)
dejar C-R. 1
descansar C-R. 1
desmontar C-U. 16
destacar L-R. 5(*)
determinar L-U. 1
dirigir L-U. 16(*)
discutir L-U. 3
disparar L-R. 4
divorciarse C-U. 16
doblar L-R. 4

echar L-R. 1
edificar L-R. 4(*)
elaborar L-R. 4
emborracharse C-U. 15
encantar L-U. 13
encargar C-R. 1(*)
engordar L-U. 17

enseñar C-R. 3
enterarse **de** C-U. 15
entornar L-R. 4
entrar **en, de** L-U. 4
entregar L-U. 12(*)
entrevistarse C-U. 16
equivocar L-U. 12(*)
escoger L-U. 2(*)
escuchar L-U. 1
esculpir L-U. 14
esperar C-U. 11
esquiar C-R. 1
estudiar L-U. 1
exagerar L-U. 2
exclamar L-R. 4
exhibir L-R. 4
exigir L-U. 2(*)
existir L-R. 2
expresar C-R. 2
facilitar L-U. 5
facultar C-R. 5
faltar L-U. 8
fallar C-U. 13
firmar L-U. 3

fugarse C-U. 16(*)
fumar L-U. 4
funcionar C-U. 6

ganar L-U. 3
gastar C-R. 4
guardar L-U. 11
gustar L-U. 1

hablar L-U. 1

iluminar L-U. 13
ilustrar L-U. 6
imaginar L-U. 1
importar L-U. 19
informar C-R. 2
ingresar *en* L-U. 16
iniciar *en* L-U. 9
instalar C-U. 16
insultar L-R. 4
intentar L-U. 12
intercambiar L-R. 1
interesar L-U. 18

invitar L-U. 3
juntar L-U. 19
lavar C-U. 3
leer L-U. 1(*)
legitimar L-U. 9
levantarse L-U. 3
limpiar L-U. 6
localizar L-U. 19(*)
luchar L-U. 18
llamar C-R. 5
llegar L-U. 9(*)
llevar L-U. 3

manchar C-U. 11
mandar C-U. 11
matar L-U. 16
matricular L-U. 6
memorizar L-U. 12(*)
meter *en* C-R. 3
mirar L-U. 5
molestar L-U. 18

necesitar L-U. 1

ocupar L-U. 6
ocurrir C-U. 16
olvidar L-U. 8
opinar C-U. 1

pagar *por* L-U. 3(*)
partir C-U. 16
pasar *por* C-U. 1
pasear C-U. 4
perdonar L-U. 9
permitir L-R. 5
pesar L-U. 12
pescar L-U. 4(*)
pintar L-U. 4
planchar L-U. 11
practicar C-R. 1(*)
precisar L-U. 12
preguntar *por* L-U. 12
preocupar L-U. 12
preparar L-U. 6

presentar *a* C-R. 3
prohibir L-U. 16
pronunciar L-U. 1

quedarse *con* C-U. 1
quemar L-U. 20
quitar L-U. 7

reaccionar C-R. 2
recibir C-R. 1
recoger C-U. 11(*)
recurrir L-R. 1
regular L-U. 1
reparar C-U. 11
repartir L-R. 2
repasar L-R. 2
reportar L-U. 15
representar L-U. 12

reservar L-U. 6
respirar L-U. 15
reunir L-U. 16
robar L-U. 16
rodear L-U. 7

sacar *de* L-U. 1(*)
saludar L-U. 2
salvar C-U. 13
sancionar L-U. 9
sellar L-U. 12
situar *en* L-U. 8
solicitar L-U. 1
solucionar L-R. 1
soportar C-R. 1
subir L-U. 1
suceder L-U. 12
superar L-U. 2

terminar L-U. 2
tirar L-R. 4
tocar C-U. 1(*)
tomar C-R. 5
trabajar L-U. 1
transportar L-U. 12
trasladar C-U. 2
tratar L-U. 13
triplicar L-U. 16(*)

usar L-U. 2
utilizar C-U. 16(*)

valorar L-U. 2
vender C-R. 1
viajar C-U. 1
vincular L-R. 4
vivir C-R. 1

(*) Todos estos verbos son fonéticamente regulares, pero presentan alguna irregularidad al escribirse de acuerdo con el sistema ortográfico del español (ver el punto B.7. «Irregularidades ortográficas»).

B. Verbos irregulares

1. IRREGULARIDADES VOCÁLICAS

INFINITIVO/ IRREGULARIDAD	PRESENTE DE INDICATIVO	PRESENTE DE SUBJUNTIVO	IMPERATIVO	PRETÉRITO INDEFINIDO	GERUNDIO
e → ie Verbos de las tres conjugaciones Modelo: *pensar*	pienso piensas piensa pensamos pensáis piensan	piense pienses piense pensemos penséis piensen	 piensa piense pensad piensen	[regular]	[regular]
e → i Verbos de la 3.ª conjugación Modelo: *pedir*	pido pides pide pedimos pedís piden	pida pidas pida pidamos pidáis pidan	 pide pida pedid pidan	pedí pediste pidió pedimos pedisteis pidieron	pidiendo
e → i e → ie Verbos de la 3.ª conjugación Modelo: *sentir*	siento sientes siente sentimos sentís sienten	sienta sientas sienta sintamos sintáis sientan	 siente sienta sentid sientan	sentí sentiste sintió sentimos sentisteis sintieron	sintiendo
o → ue Verbos de la 1.ª y 2.ª conjugaciones Modelo: *volver*	vuelvo vuelves vuelve volvemos volvéis vuelven	vuelva vuelvas vuelva volvamos volváis vuelvan	 vuelve vuelva volved vuelvan	[regular]	[regular]
o → ue o → u Verbos de la 3.ª conjugación Modelo: *dormir*	duermo duermes duerme dormimos dormís duermen	duerma duermas duerma durmamos durmáis duerman	 duerme duerma dormid duerman	dormí dormiste durmió dormimos dormisteis durmieron	durmiendo
u → ue Esta irregularidad afecta solamente al verbo **jugar**	juego juegas juega jugamos jugáis juegan	juegue juegues juegue juguemos juguéis jueguen	 juega juegue jugad jueguen	[regular]	[regular]

Observaciones:

- La primera y la segunda personas del plural (**nosotros, vosotros**) son siempre **regulares en el presente de indicativo**. Estas personas son también **regulares en el presente de subjuntivo exceptuando** los verbos que hacen e → i / o → u en el **pretérito indefinido** (todos de la tercera conjugación). En estos casos, dichas personas presentan el mismo tipo de irregularidad que la que afecta al pretérito indefinido, lo que vale también para la construcción del gerundio.
- Las irregularidades del **pretérito indefinido** afectan sólo a la tercera persona del singular y del plural (**él/ella, ellos/ellas**).
- Las personas del **imperativo** siguen las mismas reglas que se mencionaron para los regulares.

Verbos de este nivel con la misma irregularidad que **pensar**:

atravesar L-R. 5	nevar L-U. 7
cerrar L-U. 8	perder C-U. 13
comenzar C-U. 13	querer L-U. 1(*)
concertar C-R. 4	sentarse L-U. 2
despertar L-U. 11	sosegar L-R. 4
empezar C-U. 2	tender L-R. 2
entender C-R. 3	venir C-U. 4(*)
negar L-U. 7	

(*) Los verbos **querer** y **venir** presentan pretérito indefinido irregular. El verbo **venir** presenta irregularidad consonántica.

Verbos de este nivel con la misma irregularidad que **pedir**:

conseguir L-U. 3	reír L-U. 20
decir C-U. 1(*)	servir L-R. 2
perseguir L-U. 9	vestirse L-U. 2
seguir L-U. 5	

(*) El verbo **decir** presenta pretérito indefinido irregular e irregularidad consonántica.

Verbos de este nivel con la misma irregularidad que **sentir**:

convertir L-R. 4	preferir C-U. 1
divertirse L-U. 20	requerir L-U. 15
mentir L-U. 2	

Verbos de este nivel con la misma irregularidad que **volver**:

acordarse C-R. 11	encontrar L-U. 6
acostarse C-R. 3	llover L-U. 7
colgar L-U. 11	morder L-U. 16
comprobar C-R. 4	poder L-R. 1
contar L-U. 2	probar L-U. 10
costar L-U. 9	recordar L-R. 2

Verbos de este nivel con la misma irregularidad que **dormir**:

morir L-U. 8

2. IRREGULARIDADES CONSONÁNTICAS

2.1. Verbos que introducen **g**

INFINITIVO	PRESENTE DE INDICATIVO	PRESENTE DE SUBJUNTIVO	IMPERATIVO
poner	pongo	ponga	
	pones	pongas	pon
	pone	ponga	ponga
	ponemos	pongamos	
	ponéis	pongáis	poned
	ponen	pongan	pongan
tener	tengo	tenga	
Presenta también la irregularidad vocálica e → ie.	tienes	tengas	ten
	tiene	tenga	tenga
	tenemos	tengamos	
	tenéis	tengáis	tened
	tienen	tengan	tengan
venir	vengo	venga	
Presenta también la irregularidad vocálica e → ie.	vienes	vengas	ven
	viene	venga	venga
	venimos	vengamos	
	venís	vengáis	venid
	vienen	vengan	vengan

INFINITIVO	PRESENTE DE INDICATIVO	PRESENTE DE SUBJUNTIVO	IMPERATIVO
salir	salgo	salga	
	sales	salgas	sal
	sale	salga	salga
	salimos	salgamos	
	salís	salgáis	salid
	salen	salgan	salgan
hacer c → g	hago	haga	
	haces	hagas	haz
	hace	haga	haga
	hacemos	hagamos	
	hacéis	hagáis	haced
	hacen	hagan	hagan
decir ec → ig Presenta también la irregularidad vocálica e → i.	digo	diga	
	dices	digas	di
	dice	diga	diga
	decimos	digamos	
	decís	digáis	decid
	dicen	digan	digan
traer Introduce ig.	traigo	traiga	
	traes	traigas	trae
	trae	traiga	traiga
	traemos	traigamos	
	traéis	traigáis	traed
	traen	traigan	traigan

Observación:

Estos verbos, salvo **salir**, presentan pretérito indefinido **irregular**.

2.2. Verbos que introducen **y**

INFINITIVO	PRESENTE DE INDICATIVO	PRESENTE DE SUBJUNTIVO	IMPERATIVO
Modelo: *construir*	*construyo*	*construya*	
	construyes	*construyas*	*construye*
	construye	*construya*	*construya*
	construimos	*construyamos*	
	construís	*construyáis*	*construid*
	construyen	*construyan*	*construyan*

Verbos de este nivel que se conjugan como **construir**:

constituir L-R. 5	distribuir L-U. 12
destruir L-R. 4	incluir C-U. 9
disminuir C-U. 16	reconstruir L-R. 1

El verbo **oír** presenta la siguiente combinación de los dos tipos de irregularidad precedentes:

INFINITIVO	PRESENTE DE INDICATIVO	PRESENTE DE SUBJUNTIVO	IMPERATIVO
oír	oigo	oiga	
	oyes	oigas	oye
	oye	oiga	oiga
	oímos	oigamos	
	oís	oigáis	oíd
	oyen	oigan	oigan

2.3. Verbos que introducen el sonido [k]

INFINITIVO	PRESENTE DE INDICATIVO	PRESENTE DE SUBJUNTIVO	IMPERATIVO
Modelo: *conocer*	*conozco*	*conozca*	
	conoces	*conozcas*	*conoce*
	conoce	*conozca*	*conozca*
	conocemos	*conozcamos*	
	conocéis	*conozcáis*	*conoced*
	conocen	*conozcan*	*conozcan*

Verbos de este nivel que, como **conocer**, introducen [k]:

apare**c**er L-U. 1	na**c**er L-U. 2
apete**c**er L-U. 16	ofre**c**er L-U. 2
compla**c**er L-U. 10	pare**c**er L-U. 5
estable**c**er L-U. 9	produ**c**ir C-R. 3
introdu**c**ir L-R. 4	

Observaciones:

• Las reglas de formación del imperativo siguen las ya mencionadas, excepto en los verbos que introducen **g**. En estos, la segunda persona del singular (**tú**) coincide con la raíz del verbo, exceptuando **decir (di)**, **traer (trae)**, **caer (cae)** y **oír (oye)**.

• Se conjugan como **construir** todos los verbos terminados en **-uir**.

• Se conjugan como **conocer** todos los verbos terminados en **-ucir**.

3. OTRAS IRREGULARIDADES EN LOS PRESENTES Y EN EL IMPERATIVO

INFINITIVO	PRESENTE DE INDICATIVO	PRESENTE DE SUBJUNTIVO	IMPERATIVO
saber	**sé**	**sep**a	
	sabes	**sep**as	sabe
	sabe	**sep**a	**sep**a
	sabemos	**sep**amos	
	sabéis	**sep**áis	sabed
	saben	**sep**an	**sep**an
dar	d**oy**	d**é**	
	das	des	da
	da	d**é**	d**é**
	damos	demos	
	dais	deis	dad
	dan	den	den
ver(*)	v**eo**	v**ea**	
	ves	v**ea**s	ve
	ve	v**ea**	v**ea**
	vemos	v**ea**mos	
	veis	v**eá**is	ved
	ven	v**ea**n	v**ea**n
estar	est**oy**	est**é**	
	est**ás**	est**és**	est**á**
	est**á**	est**é**	est**é**
	estamos	estemos	
	est**áis**	est**éis**	estad
	est**án**	est**én**	est**én**

(*) El verbo **ver** en pretérito imperfecto se conjuga de forma regular pero introduciendo una **e** en su raíz: **veía, veías, veía, ...**

4. OTRAS IRREGULARIDADES EN EL PRETÉRITO INDEFINIDO

INFINITIVO	RAÍZ	TERMINACIÓN
andar	anduv-	
estar	estuv-	
poder	pud-	e
poner	pus-	iste
saber	sup-	o
tener	tuv-	imos
hacer	hic-	isteis
venir	vin-	ieron
querer	quis-	
decir	dij-	
traer	traj-	e
conducir	conduj-	iste
producir	produj-	o
deducir	deduj-	imos
reducir	reduj-	isteis
seducir	seduj-	eron

(*) El verbo **dar** se conjuga como si fuera de la segunda conjugación: **di, diste, dio, ...**

Observaciones:

• No hay diferencias sustanciales entre los dos modelos de conjugación de los pretéritos indefinidos fuertes. Se pueden agrupar en un solo bloque señalando que en el segundo grupo, ante la **j** de la raíz, se pierde la **i** de la terminación de la tercera persona del plural (**ellos, ellas**).

5. PARTICIPIOS IRREGULARES

Infinitivo:	abrir	decir	hacer
Participio:	abierto	dicho	hecho

Infinitivo:	escribir	morir	volver
Participio:	escrito	muerto	vuelto

Infinitivo:	ver	romper	cubrir
Participio:	visto	roto	cubierto

6. VERBOS «SER» E «IR»

	PRESENTE DE INDICATIVO	PRESENTE DE SUBJUNTIVO	IMPERATIVO	PRETÉRITO IMPERFECTO	PRETÉRITO INDEFINIDO	PARTICIPIO	GERUNDIO
ser	soy	sea	sé	era			
	eres	seas	sea	eras			
	es	sea		era		sido	siendo
	somos	seamos	sed	éramos	fui		
	sois	seáis		erais	fuiste		
	son	sean	sean	eran	fue		
ir	voy	vaya		iba	fuimos		
	vas	vayas	ve	ibas	fuisteis		
	va	vaya	vaya	iba	fueron		
	vamos	vayamos		íbamos		ido	yendo
	vais	vayáis	id	ibais			
	van	vayan	vayan	iban			

7. IRREGULARIDADES ORTOGRÁFICAS

Cuando una **i** está rodeada de **vocales**...

a) **lleva un acento:**

    oía, oías, oíamos
    caía, caías, caían
    leía, leías, leíais
    incluía, incluías

b) **se escribe «y»:**

    oyendo, oyó, oyeron
    cayendo, cayó, cayeron
    leyendo, leyó, leyeron
    incluyendo, incluyó, incluyeron

Hay una serie de verbos que para **mantener el sonido de la raíz** presentan variantes ortográficas. Así, los sonidos [k], [θ], [g] y [x] según se hallen ante **a, o, u** o **e, i** se escribirán de una manera o de otra.

explicar → explico, expli**qu**e
convencer → conven**z**a, convencí, conven**z**o
jugar → juego, jue**gu**e
coger → co**j**o, co**j**a, cogí

Observación general a los verbos irregulares:

- Los verbos compuestos presentan en general las mismas irregularidades que el verbo que hace de base:

  presentir se conjuga como **sentir**; **predecir** como **decir**; **reconstruir** como **construir**; **componer** como **poner**; **reconocer** como **conocer**; **devolver** como **volver**...

C. Verbos pronominales

Son los que necesitan un pronombre complemento de igual persona y número que el sujeto y que se coloca:

- **ante el verbo** si está conjugado en **forma personal.**
- **detrás del verbo**, si está en **imperativo, infinitivo o gerundio.**

INFINITIVO	acordarse	
GERUNDIO	acordándose	
PRESENTE DE INDICATIVO	*me* acuerdo *te* acuerdas *se* acuerda	*nos* acordamos *os* acordáis *se* acuerdan
PRESENTE DE SUBJUNTIVO	*me* acuerde *te* acuerdes *se* acuerde	*nos* acordemos *os* acordéis *se* acuerden
IMPERATIVO	acuérda*te* acuérde*se*	acordá*os* acuérden*se*

Se conjugan análogamente los siguientes verbos aparecidos en este nivel. Anotamos la preposición que usualmente aparece.

Alegrarse (de), alojarse (en), arreglarse, bañarse, casarse, confundirse (de), decidirse (a), divertirse (con), divorciarse, emborracharse, encontrarse (con), entrevistarse (con), fugarse (de), hacerse, imaginarse, interesarse (por), levantarse (de), llamarse, olvidarse (de), preocuparse (de), presentarse, quedarse, reunirse, sacarse (de), salvarse, sentarse (en), tirarse, tratarse (de, con), volverse.

D. Valores de los modos y los tiempos

MODO INDICATIVO

Se usa fundamentalmente para presentar una información en la que las acciones se consideran reales.

Presente

Se usa para expresar acciones en desarrollo, estados o acciones del presente que tienen un carácter habitual, constante.

Voy a casa.
Los fines de semana me levanto tarde.
¿Dónde vives?

Pretérito imperfecto

Expresa acciones pasadas consideradas en el transcurso, como habituales, o sin acabar.

Cuando vivía en Viena, iba todos los sábados al concierto.
Mi tío era vegetariano y nunca tomaba alcohol.

Pretérito indefinido

Presenta acciones del pasado como puntuales o como terminadas y asociadas a un momento distanciado del presente.

En el 81 hice un viaje a Mozambique.
Nos conocimos hace cinco años.
Ayer estudié seis horas.

Pretérito perfecto

Presenta acciones del pasado terminadas en un pasado muy inmediato.

Hasta ahora no he tenido ningún problema.
¡Cómo has cambiado!

MODO IMPERATIVO

Se usa para dar órdenes, instrucciones, consejos.

¡Cierra la ventana!
Pon los zapatos en la bolsa grande.
Tómate una aspirina; te sentirás mejor.

MODO SUBJUNTIVO

A diferencia del indicativo, el subjuntivo presenta la acción como hipotética o como no realizada o bien presenta una información como afectada por una emoción o reacción.

PERÍFRASIS VERBALES

Existe en español una perífrasis para expresar acciones durativas, o estados que están en desarrollo.

Estoy leyendo la gramática.
Habitualmente vivo en París, pero ahora mismo estoy pasando unos días con una amiga de Barcelona.

8. USO DE «SER» Y «ESTAR»

A. Ser

- Con una expresión de tiempo significa **tener lugar, ocurrir:**

  Mañana es la boda.
  El terremoto fue el año pasado.

- Se emplea siempre ante los **nombres de las horas:**

  Es la una y cuarto.
  Son las seis y veinticinco.

- Seguido de la preposición **de** significa **materia, origen** o **posesión:**

  Este libro es de español.
  María es de Perú.
  Este libro es de Karin.

- Seguido de un **adjetivo** describe **cualidades inherentes** o **propiedades permanentes:**

  María nació en Perú: es peruana.
  Carlos es simpático.

B. Estar

— Se usa para expresar **la localización**:

>*¿Dónde **están** los niños? **Están** aquí.*

— Seguido de la preposición **en** expresa **lugar**:

>***Estamos en** España.*

— Seguido de la preposición **a** expresa **situación en el espacio o en el tiempo**:

>*El cine **está a** unos cien metros de allí.*
>*Hoy **estamos a** martes.*

— Seguido de un adjetivo describe **cualidades o propiedades transitorias**:

>*¿**Estás** cansada?*
>*No parece la misma persona, **está muy** serio.*

— También expresa el **resultado de un proceso**:

>*Ya **está asado** el cordero.*

Usos del subjuntivo

Van en subjuntivo todas las oraciones precedidas por:

— Un verbo en **forma negativa**:

>*No creo que **sea** difícil.*

— **Querer que, gustar que**:

>*Quieren que **empiece** a trabajar mañana.*
>*Le gusta que **vayamos** a su casa.*

— La conjunción **para que**:

>*Habla con él para que te lo **explique**.*

9. LA ORACIÓN COMPUESTA

Entre las oraciones compuestas, presentamos a continuación las estructuras estudiadas en este nivel que ofrecen alguna dificultad especial.

Oraciones copulativas negativas

Van unidas por **ni**, o por **y + tampoco + verbo**.

— Se usa **ni** cuando el verbo de la primera oración va en forma negativa:

>*No fumaba **ni** tomaba alcohol.*

— Se usa **y tampoco** para enlazar varias oraciones de significación negativa. El verbo no necesita llevar forma negativa, únicamente puede tener un significado negativo:

>*Me pagaban mal, mi horario era incómodo **y tampoco** tenía responsabilidades.*

Oraciones completivas

Algunos verbos como **querer, pensar, saber, decir...**, necesitan obligatoriamente un complemento.

>*Laura quiere **unos zapatos**.*
>*Sara piensa **la respuesta**.*
>*Sonia sabe **alemán**.*

Cuando el complemento es una oración se presenta una oración completiva. La oración complemento está introducida por:

— **que**, si tienen distinto sujeto:

>*Laura quiere **que** Pedro reserve una habitación.*
>*Sonia dice **que** tú hablas tres idiomas.*
>*Sara piensa **que** Mario pintará la casa.*

— un **infinitivo**, si tienen el mismo sujeto:

>*Laura quiere **reservar** una habitación.*
>*Sara piensa **pintar** la casa.*
>*Karin sabe **cantar** muy bien.*

Oraciones finales

Presentan dos oraciones; una es el objetivo final de la otra. Van enlazadas con **para** o **para que**.

Se utiliza **para que** cuando los sujetos son distintos o la primera es una orden:

>*Coge el paraguas **para que** no te mojes.*
>*Traigo el coche **para que** lleguéis a tiempo.*

Se utiliza **para** cuando las dos oraciones tienen el mismo sujeto:

>*Cojo el paraguas **para** no mojarme.*

Oraciones temporales

En este nivel sólo se han presentado las oraciones unidas por **cuando** y por **desde que**.

— **Cuando**, presenta dos acciones: una es consecuencia de la otra. Pueden suceder en el pasado, el presente o el futuro:

>***Cuando** tenía dinero, compraba muchas cosas.*
>***Cuando** tengo dinero, compro muchas cosas.*
>***Cuando** tenga dinero, compraré muchas cosas.*

— **Desde que** indica que la oración iniciada por esta expresión es el origen temporal de la otra:

>***Desde que** vivo en España estudio español.*

GLOSARIO

Palabras nuevas presentadas en el libro o en el cuaderno. En este listado no aparecen palabras gramaticales, numerales ni verbos. Éstos se presentan en el «Resumen gramatical».

A

abajo: L-U. 8
abanico: L-U. 12
abstracto/a: C-U. 14
abuelo/a: L-U. 4
académico/a: L-R. 1
accidente: C-R. 2
acción: C-R. 2
acomodador(a): L-R. 4
acondicionado/a: C-U. 9
acontecimiento: C-R. 3
actuación: L-U. 16
actual: C-U. 2
adelante: C-U. 13
además: L-U. 1
adhesión: L-U. 15
administración: L-U. 6
administrativo/a: L-U. 9
afueras: L-U. 5
agricultor(a): L-R. 5
ahora: C-R. 1
aire: L-U. 3
aislado/a: L-U. 12
ajedrecista: C-U. 16
ajo: L-U. 18
albergue: L-U. 17
alcohol: L-U. 15
alegría: L-U. 17
alfombrado/a: L-U. 12
algodón: C-U. 10
almacén: C-R. 5
alojamiento: L-R. 2
alquiler: L-U. 5
alrededor: C-U. 14
alumno/a: L-R. 4
amable: L-U. 11
amablemente: L-U. 2
ambiente: L-R. 2
ambiental: L-U. 12
amor: C-R. 2
ampliación: L-U. 5
andén: L-R. 4
anécdota: L-U. 20
angustia: C-U. 16
antecedente: L-U. 14
anterior: L-U. 3
antes: L-U. 4
antiguamente: L-U. 12
anual: L-U. 2
apariencia: L-U. 12
apartado: L-U. 2
aparte: L-U. 5
aprendizaje: L-R. 5
aproximadamente: L-U. 5
árbol: L-U. 4
argentino/a: L-U. 8
argumento: L-U. 6
arriba: L-U. 19
arquitectura: C-U. 2
artista: C-U. 14
ascensor: L-U. 5
aseo: L-U. 2
asequible: L-U. 12
asesino/a: L-U. 6
asociación: L-U. 9
atasco: C-U. 16
atención: L-R. 5
auge: L-R. 4
autenticidad: L-R. 2
autopista: C-U. 16
autoritario/a: L-U. 15

avergonzado/a: L-U. 14
ayuda: C-R. 1
azafata: L-U. 2
azulado/a: L-U. 13
azulejo: L-U. 12

B

bachillerato: L-U. 2
balance: L-R. 5
ballena: L-U. 16
baloncesto: L-U. 16
banco: L-U. 2
bañador: C-U. 8
barba: L-U. 17
bastante: C-U. 7
basura: L-U. 12
beneficio: L-U. 15
bicicleta: L-U. 15
billar: L-U. 17
bloque: L-U. 12
bola: L-R. 16
bombero: L-U. 11
bombilla: L-U. 19
bosque: C-U. 7
botánico/a: R-U. 5
botón: L-U. 2
brazo: L-U. 18
brillante: L-U. 18
brutas: L-U. 3
burro/a: C-U. 4
butaca: L-R. 4

C

cacahuete: L-R. 4
calabaza: L-U. 12
calefacción: L-U. 5
calvicie: L-U. 17
cámara de fotos: C-U. 8
camiseta: L-U. 8
campaña: L-U. 15
campeonato: C-R. 2
canapé: L-U. 19
canción: L-U. 16
cansado/a: C-R. 3
cantante: L-U. 2
cantidad: L-R. 1
característico/a: L-U. 5
caramba: L-U. 18
cárcel: C-U. 16
cargo: L-U. 6
carretera: L-U. 12
caro/a: C-U. 5
cáscara: L-R. 4
casete: C-U. 8
casino: L-U. 9
caso: L-U. 3
casualidad: L-U. 17
catástrofe: L-U. 12
causa: L-U. 5
caviar: C-U. 6
cédula: L-R. 4
celda: C-U. 16
centímetro: L-R. 5
central: L-U. 5
céntrico/a: L-U. 5
cesta: C-R. 4
ciclo: C-R. 2
cigarrillo: L-U. 15

cima: L-U. 18
cinematográfico/a: L-R. 4
cinturón: C-U. 8
circulación: L-U. 16
círculo: L-U. 5
circunstancial: C-R. 3
cliente: C-U. 10
cocinero/a: L-U. 2
colaboración: L-U. 12
colega: C-U. 16
comedor: C-U. 5
comercial: L-U. 2
comodidad: L-U. 9
compañía: C-R. 2
competencia: L-R. 4
competente: L-U. 12
competitivo/a: L-R. 5
complementario/a: L-R. 5
concha: L-U. 12
conclusión: L-R. 5
concreto/a: C-U. 3
concurso: L-U. 15
conductor(a): C-U. 16
confección: L-U. 16
confianza: L-U. 1
congelado/a: L-U. 18
conjunto: L-U. 1
constantemente: C-U. 7
constitución: L-R. 1
consulado: C-U. 2
consumidor(a) L-U. 9
contable: C-R. 3
contacto: L-U. 3
contaminación: C-R. 1
contenido: C-R. 2
contento/a: C-U. 3
continuo/a: C-U. 13
contrato: L-U. 3
cortina: C-U. 6
coro: L-U. 15
correctamente: L-U. 12
correspondencia: L-U. 3
cotización: C-R. 5
crédito: L-U. 6
crema: L-U. 8
crisis: L-U. 14
cristal: C-U. 10
crítico/a: L-U. 13
crueldad: L-R. 5
cuadro: C-U. 3
cualquier(a) L-U. 4
cúbico/a: L-R. 5
cubierto: L-U. 12
cubo: L-U. 12
cuello: L-U. 18
cuento: L-U. 13
cuero: L-U. 8
cuerpo: L-U. 8
cuestión: L-U. 7
cuidadosamente: L-R. 4
culpable: L-U. 6
cultura: L-R. 5
curriculum: L-U. 2
cursillo: L-U. 3

CH

chalé: L-U. 5
cheque: L-U. 11
chicle: L-U. 16
churro: C-U. 15

D

debidamente: L-U. 12
decoración: C-U. 14
decorado: C-U. 13
decreto: L-R. 4
defensa: L-U. 16
definitivo/a: L-R. 2
delantero/a: L-R. 4
delegación: L-U. 19
demás: C-U. 13
demasiado/a: L-U. 2
democracia: L-R. 5
depresión: C-U. 13
derecho: L-R. 4
desacuerdo: C-R. 2
desierto: L-R. 5
despacho: L-U. 3
despedida: L-U. 16
despertador: L-U. 11
dibujo: L-U. 16
dificultad: L-U. 1
dinámico/a: L-U. 20
disconformidad: C-R. 5
disco: L-U. 4
discriminación: L-U. 3
disparate: L-U. 6
distante: L-R. 1
divertido/a: L-U. 20
documentación: C-R. 3
documental: L-U. 16
documento: L-U. 6
dólar: C-U. 9
doméstico/a: L-U. 6
domicilio: L-U. 2
dulce: L-R. 5
duración: C-U. 2

E

educativo/a: L-R. 1
eficaz: L-R. 3
ejemplo: L-U. 14
elección: L-U. 3
electricidad: L-U. 15
electrodomésticos: C-U. 2
elegante: L-U. 2
elemento: L-U. 10
empleo: L-U. 2
enchufe: L-U. 3
enfermo/a: C-R. 1
engañoso/a: L-U. 9
enorme: C-U. 7
enseguida: C-U. 15
enseñanza: L-R. 1
entrevista: L-R. 1
entrevistador(a): L-U. 2
episodio: L-U. 16
época: C-U. 13
equipaje: L-E. 2
equivalente: L-U. 8
error: L-U. 12
escalón: L-U. 8
escándalo: L-R. 4
escaparate: C-R. 1
escocés(a): C-U. 4
escorpión: L-U. 6
escritor(a): L-U. 8
escultura: L-U. 14
esfuerzo: L-R. 1
espectador(a): L-R. 4

espejo: L-U. 17
espontaneidad: L-U. 20
estadio: C-U. 9
establecimiento: L-U. 12
estatuto: L-R. 1
estrecho/a: C-U. 10
estricto/a: L-U. 18
estudio: C-U. 2
etiqueta: L-U. 10
exagerado/a: L-U. 15
examen: C-R. 1
excepción: L-U. 4
excursión: L-U. 4
exótico/a: C-R. 5
experiencia: L-U. 2
experimento: C-U. 15
expresivo/a: L-R. 1
exquisito/a: L-U. 12
exterior: L-U. 5
extraordinario/a: L-U. 3

F

fabuloso/a: C-U. 3
facilidad: L-U. 1
factura: L-U. 9
farolillo: C-R. 1
fase: L-U. 16
fatal: C-U. 1
favorito/a: L-U. 16
fecha: C-U. 2
femenino/a: C-U. 2
feo/a: C-R. 5
fijo/a: L-U. 3
finalidad: L-U. 1
firmemente: L-U. 16
fisonomista: L-U. 17
flecha: L-R. 4
florido/a: L-U. 12
folleto: L-U. 12
fondo: L-U. 10
fórmula: L-U. 12
francamente: C-U. 13
franco: C-U. 9
fraude: L-U. 9
fulgor: L-U. 13
fundamental: L-U. 19

G

gamuza: L-U. 8
ganadero/a: L-R. 5
garaje: L-U. 9
gasolina: L-U. 9
gasolinera: L-U. 9
gasto: L-U. 5
gato/a: L-U. 1
generación: L-R. 5
general: L-R. 5
genio: C-U. 14
geográficamente: C-R. 4
giro: C-U. 11
gobierno: C-U. 16
godo: L-R. 5
golf: L-R. 5
gracioso/a: C-U. 14
gramática: L-U. 1
grasa: L-U. 15
grifo: C-U. 12
grito: L-R. 4
grúa: C-U. 11
guerra: L-U. 14